**Ben Stacy Jerrik (Hrsg.)**

**ArchINFORM**

Ben Stacy Jerrik (Hrsg.)

# ArchINFORM

## Architekt, Folklore Europaea, GEMFA, Genealogie-Datenbank, Georoc

**Part Press**

# Contents

# Articles


| | |
|---|---|
| archINFORM | 1 |
| Architekt | 1 |
| Folklore_Europaea | 10 |
| Gedenkbuch_–_Opfer_der_Verfolgung_der_Juden_unter_der_nationalsozialistischen_Gewaltherrschaft_1933–1945 | |
| Genealogie-Datenbank | 12 |
| Germans_to_America | 15 |
| Georoc | 16 |
| GetInfo | 18 |
| GEMFA | 20 |
| Gmelins_Handbuch_der_anorganischen_Chemie | 21 |
| Heimverzeichnis | 22 |
| Google_Bücher | 24 |
| Hessische_Bibliographie | 31 |
| Houben-Weyl | 32 |
| HörDat | 33 |
| International_Foundation_for_Art_Research | 34 |
| HoWiLit | 35 |
| International_Music_Score_Library_Project | 36 |
| Internet_Adult_Film_Database | 37 |
| IUCLID | 37 |
| ArchiSafe | 40 |


# References


| | |
|---|---|
| Article Sources and Contributors | 42 |
| Image Sources, Licenses and Contributors | 43 |

# archINFORM

*arch*INFORM ist eine Online-Datenbank, in der man Gebäude und Architekten recherchieren kann. Aus den Anfängen einer studentischen Datenbank an der Universität Karlsruhe mit interessanten Architekturbeispielen hat sich das Projekt seit 1994 (online seit 1996[1] ) zu einem umfangreichen Nachschlagewerk entwickelt.

Das Projekt nutzt die Möglichkeiten relationaler Datenbanken zur möglichst klaren und verständlichen Abbildung der Zusammenhänge zwischen Gebäuden, Planern und Konzepten. Durch Kooperationen mit verschiedenen Partnern[2] (u.a. Biografien aus dem Allgemeinen Künstlerlexikon AKL (K. G. Saur Verlag, Nachfolge Thieme/Becker), die Benutzung von Artikeln der freien Enzyklopädie Wikipedia und die Möglichkeit der interaktiven Beisteuerung von Material ist der Datenbestand in den letzten Jahren ständig gewachsen.

Aufbau und Strukturierung der archINFORM-Datenbank beeinflusste in den letzten Jahren den Aufbau verschiedener vergleichbarer Projekte im Gebäude-/Immobilienbereich, beispielsweise die auf Ingenieurbauten ausgerichtete Webdatenbank Structurae.

## Weblinks

- Website von archINFORM [3]

## Einzelnachweise

[1]  Rezension in der Zeitschrift Baumeister 11/1996 S.7
[2]  http://deu.archinform.net/info/partner.htm
[3]  http://deu.archINFORM.net

# Architekt

Der **Architekt** (der Erste, der Führer, der Tektoi der Bauleute, aus dem griechischen ἀρχή *arché*, "Anfang", Ursprung, Grundlage, das Erste und τέχνη *techne*, Kunst, Handwerk' sowie ἀρχιτέκτος *architéktos*, Oberster Handwerker, Baukünstler, Baumeister') befasst sich mit der technischen, wirtschaftlichen, funktionalen und gestalterischen Planung und Errichtung von Gebäuden und Bauwerken vorwiegend des Hochbaues. Seine Kernkompetenz ist das über das *Bauen* hinausgehende Schaffen von Architektur.

Architekt am Reißbrett, 1970

## Überblick

Das Berufsbild des Architekten ist nicht eindeutig definier- und abgrenzbar, länderweise verschieden und ständig in Bewegung. Die Spannweite der Tätigkeitsbereiche reicht von der „Baukunst", die sich dem Entwurf und der Architekturtheorie widmet, über Ingenieurtätigkeiten und das technische Entwerfen von Gebäuden bis hin zur Bauleitung, bei der Bauplanung und -ausführung koordiniert werden und deren Augenmerk vor allem auf Terminen, Qualität und Baukosten liegt.

Darstellung eines Architekten, abgezeichnet von Eugène Viollet-le-Duc

Dem Berufsfeld zwischen Baukunst aktuellen oder historischen Zuschnitts auf der einen und angewandter Technik auf der anderen Seite entsprechen auch die möglichen Ausbildungswege wie Universitäten (vor allem Technische Universitäten / Technische Hochschulen), Fachhochschulen, Kunstakademien und Berufsakademien, aber auch Colleges und technische Mittelschulen. Die Schwerpunkte der Ausbildung werden traditionell unterschiedlich gesetzt: bei Kunstakademien wird vor allem Wert auf den gestalterischen Aspekt gelegt, an Universitäten wird bei der Ausbildung ein besonderes Augenmerk auf Theorie und Wissenschaft gelegt, an Fachhochschulen wird auf wissenschaftlicher Grundlage anwendungsorientierter als an den Unis ausgebildet und an Berufsakademien wird praxisnah, aber weniger breit gefächert ausgebildet als an einer Hochschule. Die meisten Institutionen haben inzwischen ein individuelles Ausbildungsprofil mit ganz eigenen Studienschwerpunkten.

## Geschichte

Der Beruf des Architekten ist traditionell generalistisch angelegt: die Baumeister vergangener Zeiten erstellten in Personalunion den Entwurf und die Statik und beaufsichtigen den Bauablauf. Je nach Epoche kamen sie aus ganz verschiedenen Klassen und Berufszweigen, zum Beispiel waren sie im Römischen Reich meistens Militäringenieure (vgl. Vitruv), im Frühmittelalter oft Kleriker, im Spätmittelalter aus dem Handwerk, in der Renaissance Künstler, Bildhauer oder Wissenschaftler.

Darstellung eines Architekten im Mittelalter

Die aus dem Steinmetzhandwerk und der Bauhüttentradition hervorgegangenen mittelalterlichen Baumeister werden in zeitgenössischen Quellen als *Werkmeister* oder *magister operis* bezeichnet. Nach der Gesellenprüfung als Steinmetz absolvierten sie eine zusätzliche Ausbildung und waren nach der Meisterprüfung befähigt als Architekt zu arbeiten (siehe Werkmeisterbücher),

Erst im 19. Jahrhundert, im Zuge des ökonomischen und technischen Fortschritts durch die Industrialisierung, bildete sich der Beruf des Architekten als eigene akademische Disziplin heraus. Es gab enorme Fortschritte in der Bautechnologie, neue Bauaufgaben (Geschosswohnungen, Feuerwehrwachen, Schulen) ergaben sich. Es entstanden Architekturschulen und -akademien. Die dort im Regelfall kürzer ausgebildeten Baumeister führten weiterhin ihre auf die Umsetzung spezialisierten Bauunternehmungen, die *akademischen Architekten* spezialisierten sich auf den Entwurf von Gebäuden.

Architekt, 1893

Zunehmend bildeten sich die Fachdisziplinen *Architektur* und *Bauingenieurwesen* heraus. Die Architekten beschäftigten sich schwerpunktmäßig mit der Gestaltung der Bauwerke des Hochbaues, die Bauingenieure erbringen sämtliche Leistungen für die Bauwerke des Tief- und Ingenieurbaues und planen das Tragwerk für Hochbauten, ebenso sind sie oft in der Bauleitung für Hochbauten tätig. Die Komplexität der Aufgaben nahm seitdem kontinuierlich weiter zu, so dass sich im 20. Jahrhundert weitere Fachdisziplinen etablierten: Städtebau, Landschaftsarchitektur, Innenarchitektur, Bauphysik etc.

Gegen Ende des 20. Jahrhunderts kommen Berufe hinzu, die viele Aufgaben des klassischen Architekten übernehmen. Baumanagement und Facility-Management übernehmen die Koordination der Bauausführung, große Firmen bieten komplette Planungs- und Ausführungspakete an, so dass sich traditionelle Aufgabenfelder der Architekten verlagern. In manchen Bereichen ist auch in Deutschland ein Rückzug der Architekten auf den Aspekt des Entwerfens zu beobachten, wie dies in den USA zum Beispiel schon weit verbreitet ist.

Der Trend zur Spezialisierung macht heute auch vor dem an sich generalistisch angelegten Architektenberuf nicht halt. Neben dem Architekten, der sich hauptsächlich mit Hochbau beschäftigt, gibt es in Deutschland noch die Berufsgruppen der Landschaftsarchitekten, Innenarchitekten und Städtebauarchitekten. Weiterhin findet in den einzelnen Büros eine zunehmende Spezialisierung auf bestimmte Bauaufgaben (Verwaltungs- und Gewerbebau, Kulturbau, Wohnungsbau etc.) oder auf bestimmte Leistungsphasen der Honorarordnung für Architekten und Ingenieure (z. B. Entwurf, Ausführungsplanung, Ausschreibung oder Bauleitung) statt. Überdies lässt sich eine weitere Spezialisierung auf bestimmte Nischen feststellen, wie z. B. das ökologische Bauen oder die Sanierung von Altbauten beobachten.

## Arbeitsfelder

Übliche Arbeitsfelder, die von Architekten (je nach Land, Büro und Qualifikation in unterschiedlichem Maße) abgedeckt werden:

- Während des gesamten Bauprozesses:
  - Projektsteuerung
  - Koordination der Planungsbeteiligten, Behörden und Ausführenden
  - Vertreter des Bauherren gegenüber Planungsbeteiligten, Behörden und Ausführenden
- In der Bauplanungsphase:
  - Grundlagenermittlung, Vorplanung
  - Entwurfsplanung von Gebäuden und Bauwerken vorwiegend des Hochbaues (siehe auch Wettbewerb (Architektur))
  - Genehmigungsplanung (in der Schweiz als Baueingabe, in Österreich als Einreichplan bezeichnet)

- Ausführungsplanung; Koordination zwischen den verschiedenen Fachplanern wie z. B. Haustechnik, Tragwerksplanung oder Brandschutzgutachtern
- Ausschreibung und Vergabe: Vorbereitung und Mitwirkung bei der Vergabe von Bauleistungen, Herbeiführung der erforderlichen Verträge
- Während der Bauausführung:
  - Baumanagement: Kostenkontrolle, Terminkontrolle
  - Bauleitung (auch *Objektüberwachung* oder *Bauüberwachung*)
- Nach der Fertigstellung, in der Baunutzungsphase:
  - Objektbetreuung und Dokumentation (HOAI)
  - Assetmanagement, Immobilienmanagement, Gebäude- oder Facility-Management
- Weitere Arbeitsfelder:
  - Aufgaben in der öffentlichen Verwaltung (Bauamt)
  - Forschung / Lehre: Architekturtheorie, Bauforschung, Bauökonomie
  - Spezialgebiete: Architekturdarstellung, Modellbau

## Arbeitsweise

So umfassend die Inhalte der Disziplin Architektur sind, so vielfältig und komplex ist auch die Arbeit des Architekten. Nach wie vor arbeiten die meisten freiberuflichen wie auch angestellten Architekten in kleinen, mittleren bis großen Architekturbüros für Bauentwurf, Bauplanung oder Bauleitung. Je nach Größe und Spezialisierung haben die Büros zum Teil eigene Abteilungen mit weiteren Fachplanern integriert wie etwa Labortechniker, Lichtplaner, Küchenplaner, Bauphysiker oder wie Spezialisten für Modellbau, Rendering/Visualisierung oder Public Relation. Durch den sich seit Jahren verändernden Markt sind jedoch immer mehr Architekten auch gewerblich tätig oder nehmen Funktionen als Gutachter oder Berater ein. Innenarchitekten, Stadtplaner und Landschaftsarchitekten (Freiraumplaner) sind keine Fachplaner, sondern Fachrichtungen des Berufsbildes Architektur.

## Architekturbüros

Abgesehen von kleineren Bauvorhaben wie Einfamilien- oder Zweifamilienhäusern ist der Planungsprozess meist stark arbeitsteilig organisiert. Dies betrifft nicht nur die Arbeit innerhalb der Architekturbüros, sondern auch die Zusammenarbeit mit den externen Projektbeteiligten.

Nur noch wenige Architekten bearbeiten das komplette Leistungsspektrum der deutschen HOAI mit allen Leistungsphasen. Vielmehr befassen sich die Mitarbeiter mittlerer und größerer Büros i. d. R. schwerpunktmäßig mit Teilbereichen des Planungsprozesses, wie z. B. dem Entwurf, der Ausführungsplanung, der Ausschreibung und

Architekturbüro 1967

Vergabe von Bauaufträgen oder der Bauleitung. Auch eine Spezialisierung von Architekturbüros auf die jeweiligen Leistungsphasen 1 bis 5 (Entwurf, Genehmigung und Planung) oder die Leistungsphasen 6 bis 9 (wirtschaftliche und bauliche Umsetzung) ist inzwischen weit verbreitet.

Da bei jedem Bauvorhaben die Arbeit verschiedener Fachingenieure wie Statiker und Haustechniker, bei größeren Projekten zunehmend auch weiterer Experten wie Verkehrsplaner, Fassaden- und Landschaftsplaner oder Facility Manager, integriert werden muss, ist beim Architekten ein hohes Maß an Kommunikations- und Koordinationsfähigkeit sowie gleichzeitig Einfühlungs- und Durchsetzungsvermögen gefordert. Da Architektur immer auch an den Aspekt der Wirtschaftlichkeit gekoppelt ist, ist auch wirtschaftliches Denken und Handeln vom

Architekten gefordert. Auf dem sich verändernden und insgesamt schrumpfenden Markt sind unter hohem Wettbewerbsdruck in zunehmendem Maße Qualitäten in der Projektpräsentation gegenüber privaten und öffentlichen Bauherren erforderlich.

Je nach Arbeitsschwerpunkt des einzelnen Architekten sind verschiedene Qualifikationen gefordert. Benötigt der Entwurfsarchitekt vor allem herausragende Fähigkeiten konzeptioneller und darstellerischer Art, sind beim Ausführungsplaner ebenso gestalterische wie auch technisch-konstruktive und rechtliche Kenntnisse (Baurecht, Umweltschutz usw.) gefragt. In der Bauleitung sind vor allem organisatorische Fähigkeiten und detaillierte Kenntnisse des Bauablaufes und der Bauausführung durch Baumeister und Handwerker erforderlich.

Diese Spezialisierung ist jedoch nicht so zu verstehen, dass die an einem Bauvorhaben beteiligten Architekten isoliert voneinander arbeiten. Die verschiedenen Projektphasen sind stark miteinander verzahnt und voneinander abhängig. Ein Grundverständnis für den gesamten Planungsprozess ist daher auch für den Spezialisten unerlässlich, ebenso wie die Kooperation mit dem Bauingenieur und bei größeren Projekten mit dem Geodäten, weiteren Spezialisten und den zuständigen Ämtern.

Die digitale Revolution der letzten Jahrzehnte hat natürlich erst recht nicht vor planenden Berufen wie dem Architekten haltgemacht. Zwar werden im Planungsprozess immer noch traditionelle Mittel wie Skizzen oder Modellbau angewandt. Die endgültige Planung und Darstellung von Projekten wird allerdings inzwischen fast ausschließlich mit Hilfe von CAD-Programmen am Computer erstellt. So ist die Beherrschung von mindestens einem CAD-Programm heute für Architekten unerlässlich. Oft werden aber auch Erfahrungen mit verschiedenen Programmen sowohl in der zwei- als auch dreidimensionalen Darstellung erwartet, die bei Entwicklungs- und Zeitreihen bisweilen sogar in die vierte Dimension geht.

Mehr Informationen zu den verfügbaren CAD-Programmen sowie spezialisierten Programmen für den Architekten findet sich in den Artikeln CAD und Liste von CAD-Programmen.

Aufgrund der mittlerweile stark schwankenden Auftragslage und des infolgedessen ungleichmäßigen Arbeitsaufkommens innerhalb der meisten Architekturbüros sind je nach Organisation flexible Arbeitszeiten unverzichtbar. Vor wichtigen Terminen, wie z. B. Abgaben von Wettbewerben, Bauanträgen oder Bauherren-Präsentationen, sind daher oft Überstunden sowie Arbeit am Wochenende unerlässlich. Bei vielen Großprojekten muss darüber hinaus der verantwortliche Architekt oder eine von ihm befugte Person ständig erreichbar sein.

## Arbeit in anderen Bereichen

Zunehmend sind Architekten auch außerhalb ihres klassischen Betätigungsfeldes beschäftigt. Dies können die Projektsteuerung auf Seite des Bauherren sein oder eine Tätigkeit in der Bau- und Immobilienwirtschaft. Auch Tätigkeiten als Technische Sachverständige, Gutachter oder Berater sind üblich. Weitere interdisziplinäre Schnittstellen gibt es mit den Bereichen Produktdesign, Industrialdesign, Kunst, Film & Theater, Multimedia, Werbung und Kommunikationsdesign.

# Deutschland

## Ausbildung

Die Ausbildung zum Architekten erfolgt in Deutschland (und Österreich/Schweiz) an Hochschulen im Rahmen eines Architekturstudiums. Ergänzend ist auch der zweite Bildungsweg über ein oder mehrere Handwerke und Praxis z.B. im Architekturbüro möglich. Die Architektenkammer entscheidet, wer sich Architekt nennen darf, wer vorlagenberechtigt ist und z.B. Bauanträge einreichen darf.

Ein konsekutives Bachelor-Master-Studium dauert i.d.R. 10 Semester bzw. fünf Jahre einschließlich der Master-Arbeit Bei einigen Hochschulen ist ein Praxissemester in den Studienablauf integriert. Die durchschnittliche Studiendauer liegt jedoch oft über der theoretischen Regelstudienzeit.

Das Bachelor-Studium an den Hochschulen dauert mindestens 6-8 Semester und schließt mit dem akademischen Grad „Bachelor" ab. Auch müssen oft Praktika vor Aufnahme des Studiums und während des Studiums von bis zu 6 Monaten nachgewiesen werden. Architekt ist man erst dann, wenn man in der Architektenkammer eingetragen ist. Dazu muss man mindestens zwei Jahre Berufserfahrung vorweisen können. Der Bachelor-Abschluss wird jedoch teilweise von den deutschen Architektenkammern als nicht berufsqualifizierend angesehen, weshalb man trotz erfolgreichen Abschlusses nicht die Berufsbezeichnung „Architekt" führen darf. Vorteile dieses Abschlusses sollen in dem modularen Studienaufbau und der höheren internationalen Vergleichbarkeit liegen. Als Weiterbildung für Bachelor-Absolventen ist ein Master-Studium möglich und für Absolventen eines Master-Studiums und für Diplom-Absolventen die Promotion.

Der auslaufende Diplomstudiengang mit dem Abschluss Diplom-Ingenieur (Univ., FH) bzw. Ingenieur (Fachschule-FS) dauert normalerweise als Regelstudienzeit an einer Universität 9 Semester, an einer Kunstakademie 10 Semester, an einer Fachhochschule 8 Semester.

## Berufsbezeichnung

In Deutschland darf sich nur Architekt nennen, wer in die Architektenliste einer Architektenkammer eingetragen ist. Dafür benötigt man neben dem abgeschlossenen Architekturstudium eine Berufserfahrung von mindestens zwei Jahren; Details regeln die Architektengesetze der jeweiligen Bundesländer.

Die Berufsbezeichnung *Architekt* berechtigt zur Einreichung eines Bauantrages und ist somit fast zwangsläufig für die Arbeit als selbstständiger Architekt (*Freier Architekt*) erforderlich. Die Kammern verstehen sich als Interessenvertretung aller *Architekten*. Das heißt aber auch umgekehrt, dass die Interessen der großen Zahl der nichtselbstständigen, in Architekturbüros tätigen, die nicht in die Kammer eingetragen sind - insbesondere der Absolventen - nur sehr bedingt durch die Kammern vertreten werden.

## Berufsverbände

Im Bund Deutscher Baumeister, Architekten und Ingenieure sind 20.000 Architekten und Ingenieure des Bauwesens organisiert. Der Verband deutscher Architekten (VDA) ist ein weiterer Interessenverband der deutschen Architekten, Innenarchitekten und Landschaftsarchitekten. Im Verband Deutscher Architekten- und Ingenieurvereine (DAI) sind 33 lokale Architekten- und Ingenieur-Vereine mit ca. 4.000 Mitgliedern organisiert.[1]

Eine Vereinigung freiberuflich tätiger Architekten in Deutschland ist der Bund Deutscher Architekten (BDA), der nach eigenen Angaben rund 5.000 Mitglieder hat[2] . Die Vereinigung Angestellter Architekten e.V. (VAA) ist ein Berufsverband, der die Interessen angestellter Architekten in der Architektenkammer Nordrhein-Westfalen und in der Öffentlichkeit vertritt.

## Arbeitsmarkt und wirtschaftliche Situation

In Deutschland sind Architekten etwa je zu einem Drittel selbstständig, in der freien Wirtschaft angestellt oder in der öffentlichen Verwaltung tätig. Der Berufsstand befindet sich seit Mitte der 1990er Jahre jedoch in einer schweren Krise, in der sich die wirtschaftliche Situation der Architekten in Deutschland zunehmend verschlechtert.

Die Ursachen für diese Situation sind u. a.:

- Vorhandene hohe Architektendichte
- Beliebtheit des Studienganges, keine Regulierung der Studenten
- Wegbrechen von Aufgabenfeldern (s. o.)
- Mangelnde Nutzung von neuen Geschäftsfeldern
- Bereits erreichter Standard der Bausubstanz in Deutschland
- Bevölkerungsrückgang

Als sehr kapitalintensive, auf Investitionen der freien Wirtschaft und der öffentlichen Hand angewiesene Branche wurde die Bauwirtschaft in besonders starkem Maße von der Wirtschaftskrise der späten 1990er und frühen 2000er Jahre und der prekären Finanzlage der öffentlichen Kassen in Mitleidenschaft gezogen. Der in Deutschland zu beobachtende Bevölkerungsrückgang führte außerdem zu einer nachlassenden Nachfrage im Wohnungsbau. Infolgedessen hatte die Mehrheit der deutschen Architekturbüros mit erheblichem Auftragsmangel zu kämpfen. Zahlreiche Büros haben diese Krise nicht überstanden.

Das Berufsbild des Architekten ist seit Jahren zunehmend Veränderungen unterworfen. Viele einst klassische Betätigungsfelder - von der konzeptionellen Entwicklung von Großprojekten über die Ausführungsplanung bis zur Bauleitung - werden inzwischen von Projektentwicklern, Baukonzernen oder anderen Konkurrenten angeboten. Infolgedessen hat sich das Betätigungsfeld solcher Architekturbüros, die nicht in der Lage sind, auf diese Entwicklung in angemessener Weise zu reagieren, in den letzten Jahren mehr und mehr eingeengt.

Ähnlich Ärzten und Rechtsanwälten haben selbständige Architekten den Vorteil einer gesetzlich vorgegebenen Honorarordnung HOAI die durch die Kopplung an die Baukosten automatisch inflationsausgleichend wirkt. In Architekturbüros angestellte Architekten, auch und insbesondere zur Erfüllung der Praktikumspflicht, leiden jedoch unter schlechter wirtschaftliche Situation und fehlender gewerkschaftlicher Vertretung und drücken den Einkommensschnitt. Dauerhafte Arbeitsverhältnisse sind nicht die Regel. Viele Büros engagieren je nach Auftragslage Architekten kurzfristig. Viele Architekten sind daher gezwungen, sich in kurzen Abständen immer wieder neue Jobs zu suchen, ebenso wie selbständige Architekten.

Das Statistische Bundesamt nennt 2008 aus Finanzamtsdaten ein durchschnittliches Bruttoeinkommen für Architekten von 54 529 € p.a. Es ist jedoch zu beachten, dass in dieser Statistik nur in der Kammer offiziell als Architekten eingetragene Berufstätige mit einem entsprechend hohen Anteil an Selbständigen erfasst sind. Die Mehrheit der Architekten verdient deutlich weniger. Vor allem bei Berufsanfängern sind die Gehälter erheblich niedriger und im Vergleich mit anderen akademischen Berufen im unteren Bereich angesiedelt.

# Österreich

## Berufsbezeichnung

Die Berufsbezeichnungen *Architekt* und *Ziviltechniker* sind in Österreich geschützt und dürfen gemäß Ziviltechnikergesetz 1993 von Personen, denen eine entsprechende Befugnis nicht verliehen wurde, nicht geführt werden.

## Verbände

In Österreich gehören die Architekten gemeinsam mit den Ingenieurkonsulenten zur Gruppe der Ziviltechniker.

# Schweiz

## Ausbildung

In der Schweiz wird Architektur an verschiedenen Hochschulen im Rahmen eines Architekturstudiums gelehrt.

## Berufsbezeichnung

Die Berufsbezeichnung *Architekt* ist in der Schweiz keineswegs geschützt, daher gibt es zahlreiche Praktiker, die sich so bezeichnen. So sind auch die Anforderungen an die Berufsausübung nicht einheitlich geregelt. Einzig in Kantonen der französischsprachigen Schweiz, im Tessin und in Luzern schreiben die kantonalen Baugesetze die qualitativen Mindestanforderungen an Architekten und Bauingenieure vor. Die akademischen Grade aus dem Erwerb von Hochschuldiplomen sind jedoch gesetzlich geschützt.

## Verbände

In der Schweiz ist die Architekturszene in drei Verbände gefasst. Der Bund Schweizer Architekten (BSA), der Schweizerische Ingenieur und Architekten Verein (SIA) und Swiss Engineering STV (ehemals Schweizerischer Technischer Verband) als größter Berufsverband aller Ingenieure und Architekten. Speziell in der Schweiz gibt es auch den Beruf des Hochbauzeichners, welcher eine unterstützende Funktion in einem Architekturbüro übernimmt.

# Spanien / Südamerika

In Spanien ist die Berufsbezeichnung *Architekt* (*Arquitecto*) wie in Deutschland geschützt und setzt ein Studium der Architektur, sowie die Zugehörigkeit zu einer spanischen Architektenkammer voraus. Neben dem mit dem deutschen *Architekt* vergleichbaren *Arquitecto* existiert in Spanien noch eine weitere Berufsgruppe, die entscheidende Aufgaben bei der Gebäudeplanung und -erstellung übernimmt, die der sogenannten *Aparejadores* oder *Arquitectos técnicos*. Anders als bei der *Arquitectura*, welche u.a. auch die entwurflichen, baukünstlerischen und -geschichtlichen Aspekte betrachtet und lehrt, konzentriert sich die vierjährige akademische *Arquitectura técnica*, auf die technisch-konstruktiven Probleme des Bauens. Der Aparejador ist allerdings kein *Arquitecto*, sondern ein *Ingeniero civil* und somit dem Bauingenieur oder anglo-amerikanischen *Civil engineer* gleichzusetzen. Sein Leistungsbild umfasst vorwiegend die Bereiche der Bauleitung und - überwachung, Ausschreibung, Vergabe und Abstimmung mit den Behörden.

## Japan

Die japanische Entsprechung des allgemeinen Begriffs Architekt ist *kenchikuka* (jap. ), der aus *kenchiku* ‚Gebäude errichten' und *ka* hier etwa ‚Berufsausübender' zusammengesetzt ist.[3] Dieser ist allerdings nicht rechtlich geschützt.

Bauplanung und Bauausführung darf in Japan jedoch nur von staatlich zertifizierten Architekten durchgeführt werden, die als *kenchikushi* () bezeichnet werden, wobei *shi* für ‚Gelehrter' steht. Deren rechtlichen Anforderungen sind im *Kenchikushi-hō* (, „Architektengesetz") von 1950 festgelegt. Dieses kennt drei Klassen von Architekten: Architekten 1. Klasse (, *ikkyū kenchikushi*) die jede Art von Gebäuden planen und errichten dürfen, Architekten 2. Klasse (, *nikyū kenchikushi*) für eine begrenzte Art von Gebäuden kleineren Ausmaßes und Holzbau-Architekten (, *mokuzō kenchikushi*) für kleinere Holzgebäude. So dürfen zum Beispiel öffentliche Gebäude wie Schulen, Krankenhäuser, Theater, usw. mit einer Grundfläche von mehr als 500 m² oder einer Höhe von mehr als 13 m nur von Architekten 1. Klasse errichtet werden. Diese erhalten ihre Lizenz vom Bauministerium, die beiden anderen Architektenklassen von ihrer jeweiligen Präfektur.[4] [5] 1995 gab es 264.398 Architekten 1. Klasse, 566.791 Architekten 2. Klasse und 11.386 Holzbau-Architekten.[5]

## Stararchitekten

Der Begriff *Stararchitekt* bezeichnet ein mediales - aber kein architektonisches - Phänomen. Als Stars im Sinne der Popkultur gelten erfolgreiche, international agierende Architekten, denen es durch spektakuläre Entwürfe und Realisierungen gelungen ist, die mediale Aufmerksamkeit der überregionalen Öffentlichkeit zu erlangen (z.B. Nationalstadion Peking, das sogenannte "Vogelnest" von Herzog & de Meuron oder Frank Gehrys Guggenheim-Museum Bilbao) und deren Arbeiten sich oft durch eine plakative, leicht wiedererkennbare und unverwechselbare Handschrift auszeichnen (z.B. Daniel Libeskind oder Zaha Hadid). Bauherren können durch die Verpflichtung eines solchen Architekten von dessen Prestige und Glamour oft direkt finanziell profitieren. Das Engagement eines bekannten Büros mit internationalem Renommee kann die Finanzierung eines Projektes erleichtern, sowie den Vermarktungswert des Gebäudes unmittelbar steigern. Unter Umständen kann das Gebäude eines Stararchitekten zum Aushängeschild einer ganzen Stadt oder Region und zum Motor einer positiven Entwicklung werden (Bilbao-Effekt).

## Literatur


* Binding, Günther: *Meister der Baukunst. Geschichte des Architekten- und Ingenieurberufes*. Primus Verlag, Darmstadt 2004, ISBN 978-3896784971
* Dörhöfer, Kerstin: *Pionierinnen in der Architektur: Eine Baugeschichte der Moderne*. Tübingen, Wasmuth 2004, ISBN 3-8030-0639-2
* Durth, Werner: *Deutsche Architekten*. München, dtv 1992, ISBN 3-7828-1141-0
* Eisenmenger, Mathias: *Der Architekt: Das zukünftige Berufsbild unter Berücksichtigung seiner Verantwortung als Baumeister*. Kassel, kassel university press 2007, ISBN 978-3-89958-252-9, (PDF-Version) [6]
* Hodonyi, Robert: *Von Baustelle zu Baustelle. Ein Streifzug durch die Geschichte des Architektenmotivs in der Literatur*. In: Weimarer Beiträge. Zeitschrift für Literaturwissenschaft, Ästhetik und Kulturwissenschaften 54 (2008), H. 4, S. 589-608.
* Johannes, Ralph (Herausgeber): *Entwerfen. Architektenausbildung in Europa von Vitruv bis Mitte des 20. Jahrhunderts: Geschichte - Theorie - Praxis*. Junius Verlag 2009, ISBN 3-88506-441-3
* Kuhl, Isabel/ Lowis, Kristina/ Thiel-Siling, Sabine: *50 Architekten die man kennen sollte*, Prestel Vlg., München 2008, ISBN 978-3-7913-4044-9
* Pfammatter, Ulrich: *Die Erfindung des modernen Architekten: Ursprung und Entwicklung seiner wissenschaftlich-industriellen Ausbildung*. Basel [u. a.], Birkhäuser 1997, ISBN 3-7643-5473-9

- Wolfensberger, Hanno: *Architektendämmerung : 10 Abgesänge auf einen Berufsstand*. Frankfurt am Main / New York, Campus 1993, ISBN 3-593-34922-1
- Tanja Kullack: "Architektur - eine weibliche Profession ", JOVIS Verlag Berlin 2011, ISBN 978-3-86859-114-9
- "Eminent Architects", Seen by Ingrid von Kruse, JOVIS Verlag Berlin 2011, ISBN 978-3-86859-111-8

## Weblinks

- Interviews mit interdisziplinär tätigen Architekten [7]

## Einzelnachweise

[1]  http://www.dai.org/index.php?Itemid=13

[2]  http://www.bda-bund.de/der-bda/aufgaben-und-ziele.html

[3]  . (http://kotobank.jp/word/)    In: *bei kotobank.jp*. Hitachi Solutions, abgerufen am 12. April 2012 (ja).

[4]  . (http://kotobank.jp/word/)    In: *bei kotobank.jp*. Kodansha, abgerufen am 12. April 2012 (ja).

[5]  Peter Fenn, Michael O'Shea, Edward Davies (Hrsg.): *Dispute Resolution and Conflict Management in Construction: An International Review*. Routledge, London 1998, ISBN 0-419-23700-3, S. 339 ( eingeschränkte Vorschau (http://books.google.de/books?id=Amu3zbiPE_8C& pg=PA339#v=onepage) in der *Google Buchsuche*).

[6]  http://www.architektenseminare.de/der-architekt.html

[7]  http://www.youtube.com/user/strategieportal#p/u

# Folklore_Europaea

**Folklore Europaea** (FE) ist ein multimediales, in seinen Navigationsinstrumenten mehrsprachiges Datenbankprojekt der Albert-Ludwigs-Universität Freiburg i. Br., das Feste, Bräuche und Traditionen in den verschiedenen Regionen Europas dokumentiert und sich als Arbeitsinstrument für dieEuropäische Ethnologie und ihre Nachbardisziplinen versteht. Ohne Vollständigkeit anzustreben, was angesichts der Fülle einschlägiger Phänomene niemals möglich wäre, führt „Folklore Europaea" bislang weit verstreute, in Buchform nicht greifbare Informationen zusammen und eröffnet damit ganz neue Möglichkeiten des überregionalen und transnationalen Vergleichs von Kulturen. Das Team der in Freiburg an der Datenbank tätigen Wissenschaftler, wissenschaftlichen Hilfskräfte und Studenten kooperiert mit zahlreichen ethnographischen Institutionen und Initiativen im In- und Ausland, nicht zuletzt mit solchen im östlichen Europa. Hinzu kommt die Zusammenarbeit mit Rundfunk- und Fernsehanstalten, wie etwa dem SWR-Fernsehen, das große Teile seines filmischen Archivmaterials über Feste und Bräuche in Europa zur Darstellung in "Folklore Europaea" freigegeben hat. Initiator und Leiter des 2003 online gegangenen Projekts ist Dr. Werner Mezger, Professor für Europäische Ethnologie an der Universität Freiburg und Direktor des Freiburger Johannes-Künzig-Instituts für osteuropäische Volkskunde. Die Zuständigkeit für den technischen Support liegt beim Rechenzentrum der Universität Freiburg.

## Nutzungsmö glichkeiten

Organisatorisches Ziel des Projektes ist sein schrittweiser Ausbau zu einem international agierenden Netzwerk zur europäischen Brauchforschung, das nicht nur Spezialisten in Forschungseinrichtungen und Dokumentationszentren als Recherchemöglichkeit dienen soll, sondern das auch Journalisten und interessierten Laien offen steht – bis hin zur Nutzung für touristische Zwecke nach der Devise "Was – wann – wo". Inhaltlich soll "Foklore Europaea" durch vielfach kombinierbare Suchoptionen Verbindungen, Wechselwirkungen und Unterschiede zwischen verschiedenen europäischen Kulturräumen aufzeigen helfen und damit eine differenzierte Auseinandersetzung mit dem „geistigen und kulturellen Erbe Europas" ermöglichen. Zugleich gewähren die Datensätze auf Mikro- und Makroebene Einblicke in die Konstruktion von Identitäten und Mentalitäten des europäischen Kulturraums. Feste und Bräuche werden hierbei als „primäre Organisationsformen des kulturellen Gedächtnisses" (Jan Assmann) begriffen. Im Kontext der politischen, ökonomischen und soziokulturellen Herausforderungen der europäischen Integration soll der komparatistische Ansatz des Projekts nicht nur Kohärenzen und Differenzen in den Kulturtradition verschiedener Regionen Europas sichtbar machen, sondern anhand des Funktionswandels von Festen und Bräuchen vor allem auch Einblicke in die Transformationsprozesse der fortgeschrittenen Moderne gewähren.

## Datenbank

Derzeit enthält "Folklore Europaea" etwa 5000 textbasierte Datensätze sowie einen Grundstock an Multimediamaterialien in Form von Filmen, Fotografien und Tondokumenten. Die Materialien werden durch die das Freiburger Team, durch Kooperationspartner und freie Mitarbeiter in ganz Europa laufend ergänzt. Nach Abschluss der Pilotphase ist die Weiterentwicklung des gesamten Projekts zu einem moderierten Wiki geplant.

## Literatur

Cavallucci, Silvia: *Feste, Bräuche, Traditionen. 'Folklore Europaea' macht Kulturvergleiche möglich.* Freiburger Uni-Magazin 02/2007. S. 19, 2007

## Weblinks

- Folklore Europaea [1]

## References

[1] http://folklore-europaea.uni-freiburg.de/index.php?volkskunde=1/

# Gedenkbuch_–_Opfer_der_Verfolgung_der_Juden_ur

Das **Gedenkbuch – Opfer der Verfolgung der Juden unter der nationalsozialistischen Gewaltherrschaft 1933–1945** ist eine Dokumentation des deutschen Bundesarchivs, das in zwei Druckausgaben und seit Dezember 2007 auch im Internet alle bekannten Opfer der nationalsozialistischen Judenverfolgung namentlich nachweist, die zwischen 1933 und 1945 im Deutschen Reich lebten. Die Datenbank wird vom Bundesarchiv betrieben und ständig aktualisiert.

Das Bundesarchiv beschreibt Inhalt, Absicht und Zweck der Dokumentation folgendermaßen: „(Die Datenbank) enthält die Namen, persönlichen Daten und Schicksalswege von derzeit 159.972 Personen, die zwischen 1933 und 1945 im Deutschen Reich lebten und aufgrund ihrer wirklichen oder vermeintlichen jüdischen Herkunft oder Religion Opfer der nationalsozialistischen Judenverfolgung wurden. Mit dem „Gedenkbuch – Opfer der Verfolgung der Juden unter der nationalsozialistischen Gewaltherrschaft 1933–1945" stellt sich das Bundesarchiv der aus den ungeheuerlichen Verbrechen des nationalsozialistischen Rassenwahns erwachsenden moralischen Verpflichtung, die Erinnerung an alle jüdischen Opfer der NS-Gewaltherrschaft wach zu halten und an künftige Generationen weiterzugeben."

> „Dieses Gedenkbuch gibt den Ermordeten ihren Namen und damit ihre Menschenwürde wieder. Es ist zugleich ein Denkmal und eine Erinnerung daran, dass jedes einzelne Menschenleben einen Namen und eine einzigartige Geschichte hat.[1] "

> – Geleitwort von Bundespräsident Horst Köhler zur 2. Auflage des Gedenkbuches

Kern der Onlinepräsentation ist das Namensverzeichnis, das durch eine Suchmaske eine komplexe Suche nach den betroffenen Personen ermöglicht. Das Online-Angebot enthält weiterhin eine Deportationschronologie und eine ergänzende Bibliographie.

## Druckausgaben

Zweibändige Ausgabe von 1986:

* *Gedenkbuch: Opfer der Verfolgung der Juden unter der nationalsozialistischen Gewaltherrschaft in Deutschland 1933–1945* (bearbeitet vom Bundesarchiv, Koblenz und dem Internationalen Suchdienst, Arolsen), Koblenz 1986, ISBN 3-89192-003-2.

Vierbändige Ausgabe von 2006:

* *Gedenkbuch – Opfer der Verfolgung der Juden unter der nationalsozialistischen Gewaltherrschaft in Deutschland: 1933–1945* (bearbeitet und herausgegeben vom Bundesarchiv), zweite, wesentlich erweiterte Auflage, Verlag des Bundesarchivs, Koblenz 2006, ISBN 3-89192-137-3.

## Weblinks / Online-Ausgabe

* Homepage des Gedenkbuches [2]
* Einleitung zur Online-Version des Gedenkbuches (beschreibt u.a. die Quellen und Hintergründe des Projekts) [3]
* Chronologie der Deportationen im Deutschen Reich [4]

## Einzelnachweise

[1] http://www.bundesarchiv.de/gedenkbuch/index.html.de
[2] http://www.bundesarchiv.de/gedenkbuch/index.html.de/
[3] http://www.bundesarchiv.de/gedenkbuch/intro.html.de/
[4] http://www.bundesarchiv.de/gedenkbuch/chronicles.html.de?page=1

# Genealogie-Datenbank

In **Genealogie-Datenbanken** im Internet werden Forschungsergebnisse der Familienforschung eingetragen. Andere Forscher können so erfahren, was bereits erforscht wurde und bei Interesse in Verbindung treten.

## Datenbanken

Datenbanken lassen sich unterteilen in Kontaktdatenbanken, in denen nur veröffentlicht wird, wer wann wo nach welchen Namen forscht (die konkreten Details müssen dann in privater Kommunikation ausgetauscht werden) und Ergebnisdatenbanken mit den konkreten Forschungsergebnissen, so dass man schon vor der Kontaktaufnahme wissen kann, ob man eventuell gemeinsame Vorfahren hat.

Über GENDEX-Suchdienste können zudem auch private genealogische Homepages gefunden werden.

## Vorteile

Mögliche Vorteile, die das Einstellen der Daten in Datenbanken haben kann, im Überblick:

* Kontaktaufnahme zu anderen Genealogen / entfernten Verwandten
* Vermeidung zeitaufwändiger Doppelarbeit
* Koordination von Forschungsarbeiten
* Erhalt von Hinweisen und Ergänzungen

# Liste groß er genealogischer Datenbanken

Im Folgenden sind einige für die Ahnenforschung relevante Online-Dantenbanken gelistet. Sie stehen beispielhaft für die größten genealogischen Datensammlungen mit über 300.000 Datensätzen. Eine umfassende Sammlung von deutschen und internationalen genealogischen Datenbanken ist z. B. "Biggis List" bei Genealogy.net [1].

(Stand: September 2011)

| Name | Anzahl der Personen-Datensätze [2] | Weblink | Beschreibung |
|---|---|---|---|
| **Family Search** | 1.000.000.000 | familysearch.org [3] | Datenbank der Mormonen. Index auf mikroverfilmte Kirchenbücher weltweit. USA. |
| **Roots Web** | 657.499.245 | rootsweb.ancestry.com [4] | Sammlung von GEDCOM-Daten. International, USA. |
| **MyHeritage** | 795.076.909 | myheritage.de [5] | Sammlung von GEDCOM-Daten. International. |
| **GeneaNet** | 796.595.745 | geneanet.org [6] | Sammlung von GEDCOM-Daten. International, Frankreich. |
| **Free BMD** | 260.280.844 | freebmd.org.uk [7] | Archiv von England und Wales ab 1837 von Geburten, Ehen und Sterbeurkunden. Anzeige der Original-Dokumente möglich. |
| **Geni** | 100.000.000 | geni.com [8] | Sammlung von GEDCOM-Daten. International, USA. |
| **Footnote** | 75.935.012 | footnote.com [9] | Umfassende Sammlung von Volkszählungen (Census), Meldestellen und historischen Zeitungsartikeln. Einige Originaldokumente können kostenlos betrachtet werden. USA. |
| **Find A Grave** | 67.000.000 | findagrave.com [10] | Bilder und Datensammlung von Grabsteinen auf Friedhöfen weltweit. |
| **Family Tree Seeker** | 26.613.515 | familytreeseeker.com [11] | Index zu genealogischen Personendaten auf privaten Homepages (GENDEX). |
| **TNG Network** | 8.778.756 | tngnetwork.lythgoes.net [12] | Index zu genealogischen Personendaten auf privaten Homepages (GENDEX). Kostenlose Registrierung erforderlich. |
| **GedBas** | 8.875.756 | gedbas.genealogy.net [13] | Sammlung von GEDCOM-Daten. Deutschland. |
| **GedComp** | 5.156.753 | GedComp [14] | Ständig wachsende Sammlung von GEDCOM-Daten seit 1997. International, Dänemark mit Schleswig-Holstein. |
| **Online-Ortsfamilienbücher** | 3.633.692 | online-ofb.de [15] | Ständig wachsende Online-Sammlung von historischen Orts-Familienbüchern. Teil von genealogy.net [16]. Deutschland. |
| **Ryerson Index** | 3.178.951 | ryersonindex.net [17] | Durchsucht Archive von 190 verschiedenen australischen Tageszeitungen. |
| **Historische Adressbücher** | 2.613.223 | www.adressbuecher.net [18] | Online-Sammlung von Daten aus historischen Adressbüchern. Teil von genealogy.net [16]. Deutschland. |

| | | | |
|---|---|---|---|
| **Familienanzeigen in Tageszeitungen** | 2.647.485 | familienanzeigen.genealogy.net [19] | Ständig wachsende Online-Sammlung von Familienanzeigen aus Tageszeitungen (Taufen, Hochzeiten, Todesanzeigen). Teil von genealogy.net [16]. Deutschland. |
| **Bremer Passagierlisten** | 735.545 | Passagierlisten [20] | Datenbank der " MAUS" - Gesellschaft für Familienforschung e. V. Bremen. |
| **Rodovid** | 529.110 | rodovid.org [21] | Wiki-Seiten mit vielen Stammbäumen berühmter Persönlichkeiten. International. |
| **Datenbank Brandenburg** | 520.774 | db-brandenburg.de [22] | Datenbankprojekt für Ahnenforscher im Land Brandenburg. |
| **Wikipedia Personensuche** | 397.905 | Wikipedia Personensuche [23] | Durchsucht die Liste aller Biografien, die im deutschsprachigen Wikipedia enthalten sind. |

## Genealogische Meta-Suchmaschinen

Meta-Suchmaschinen nutzen gleichzeitig viele vorhandene Suchmaschinen im Internet. Eine Suchanfrage braucht also nur einmal erstellt zu werden. Die Ergebnisse der verschiedensten Datenquellen werden dann einheitlich und sortiert dargestellt.

| Name | Weblink | Beschreibung |
|---|---|---|
| **Genealogy.net Metasuche** | Metasuche in Genealogy.net [24] | Durchsucht FOKO (Forscher-Kontakte), GedBas, Online-Ortsfamilienbücher, Datenbank historischer Adressbücher und Vereinsmitgliederdatenbanken. |
| **Die Maus Metasuche** | Metasuche in den Datenbanken der Maus [25] | Durchsucht Akzise-Register Grabsteine, KZ-Opfer, Leichenbücher, Registerdatenbanken, Passagierlisten, Emigrationen, Passregister, Ortsfamilienbücher, Familiendatenbanken, Meierbriefe. |
| **GlobalGenSearch** | GlobalGenSearch [26] | Durchsucht alle großen genealogischen Datenbanken weltweit (Testbetrieb). |

## Weblinks

- FOKO, Beispiel einer deutschen Kontaktdatenbank [27]
- GedBas, Beispiel einer deutschen Ergebnisdatenbank [13]

## Einzelnachweise

[1] http://wiki-de.genealogy.net/Genealogische_Datenbank/Linkliste

[2] Die Angaben über die Anzahl der Personendatensätze stammen von den jeweiligen Betreiber-Seiten. Aktualisierte Übersicht (http://familie-beuss.de/Crawl/dbstat.php)

[3] http://www.familysearch.org

[4] http://wc.rootsweb.ancestry.com/cgi-bin/igm.cgi

[5] http://www.myheritage.de/genealogie-center

[6] http://www.geneanet.org

[7] http://www.freebmd.org.uk/cgi/search.pl

[8] http://www.geni.com/search

[9] http://www.footnote.com/documents

[10] http://www.findagrave.com/cgi-bin/fg.cgi

[11] http://www.familytreeseeker.com

[12] http://tngnetwork.lythgoes.net

[13] http://gedbas.genealogy.net

[14] http://www.lklundin.dk/gedcomp/english.php

[15] http://www.online-ofb.de

[16] http://www.genealogy.net/datenbanken.html

[17]  http://ryersonindex.net/search.php

[18]  http://www.adressbuecher.net

[19]  http://familienanzeigen.genealogy.net/

[20]  http://hotel432.server4you.de/passagierlisten

[21]  http://de.rodovid.org/wk/Hauptseite

[22]  http://www.db-brandenburg.de/metasuche.php?sprache=0

[23]  http://toolserver.org/~apper/pd

[24]  http://meta.genealogy.net

[25]  http://www.genealogy.net/vereine/maus/meta

[26]  http://familie-beuss.de/Crawl

[27]  http://foko.genealogy.net

# Germans_to_America

**Germans to America** ist eine Datensammlung über Einwanderer in die USA aus den Jahren 1850 bis 1888. Sie ist in Buchform, auf CD-Rom und als Online Datenbank (Deutsche Auswanderer-Datenbank, kurz DAD) zugänglich. Herausgeber sind *Ira A. Glazier* and *P. William Filby*.

Die Buchedition umfasst über 63 Bände mit jeweils etwa 70.000 Namen. Insgesamt handelt es sich um etwa 3,5 Millionen Datensätze.[1]

Untersuchungen durch die *Forschungsstelle für Auswanderer in die USA* an der Universität Oldenburg in den Jahren 2000 und 2001 führten auch zu kritischen Anmerkungen. Kritisiert werden zum Beispiel falsch geschriebene Familiennamen, die Streichung der Herkunftsorte der Passagiere in vielen Fällen, falsche Zuweisung der Nationalitäten oder das Fehlen der Ankunftshäfen auf der CD-ROM-Edition. Außerdem fehlen ganze Passagierlisten im Datenbestand. [2] [3]

Zudem gibt es für die Auswandererforschung auch direkte, kostenfreie Ressourcen.[4] [5]

## Quellen

[1]  Joe Beine: *Übersicht über die Datenbestände Germans to America* (http://home.att.net/~wee-monster/gtoa.html)

[2]  Antonius Holtmann: *Fallstricke für Genealogen* (http://www.uni-oldenburg.de/nausa/fallstr.htm)

[3]  Antonius Holtmann: *Germans to America im Dreier-Pack: Fallstricke und kein Ende...* (http://www.uni-oldenburg.de/nausa/3erp1.htm)

[4]  Castle Garden (http://www.castlegarden.org)

[5]  Ellis Island (http://www.ellisisland.org)

# Georoc

**GEOROC** (Geochemistry of Rocks of the Oceans and Continents) ist eine frei im Netz verfügbare geochemische Datenbank, die am Max-Planck-Institut für Chemie in Mainz unter Leitung von Bärbel Sarbas erstellt wird. Die Datenbank stellt eine umfangreiche Sammlung publizierter Analysen von Vulkaniten und Mantelxenolithen dar. Sie enthält Haupt- und Spurenelementkonzentrationen, radiogene und stabile Isotopenverhältnisse sowie analytische Alter für Gesamtgesteine, Gläser, Minerale und Einschlüsse. Neben den chemischen Analysen werden die Proben durch umfangreiche Metadaten charakterisiert. Diese umfassen, unter anderem, geographische Lokalität mit Längen- und Breitengrad, Gesteinsklasse und -typ, Alterationsgrad- und art, analytische Methode, Labor und Messungen an Referenzmaterialien. Jeder Datensatz ist mit der Originalreferenz verknüpft.

## Inhalt

Im April 2010 enthielt die Datenbank mehr als 6,5 Millionen analytische Werte für ungefähr 270000 Gesteinsproben. Die Daten stammen aus ca. 9000 Publikationen. Die Proben kommen in 11 verschiedenen geologischen Milieus vor.

## Webinterface

Das Webinterface der Datenbank bietet folgende Abfragemöglichkeiten:

1. Bibliographie (Autorenname und/oder Publikationsjahr)
2. Geologisches Milieu (Ozeaninseln, Seamounts, ozeanische Plateaus, untermeerische Rücken, kontinentale oder ozeanische Flutbasalte, Archaische Grünsteingürtel, vulkanische Inselbögen, Riftzonen, intrakontinentale Zonen sowie komplexe, nicht eindeutig definierbare Bildungsmilieus)
3. Geographie (Lokalitätsname(n), Längen- und Breitengrade, Google Maps)
4. Chemie (chemische Elemente, Isotopenverhältnisse)
5. Petrographie (Gesteinsklasse, Gesteinsname, Modalzusammensetzung, Probenname)

Das Ergebnis einer Abfrage wird als HTML-Tabelle angezeigt, es kann auch im CSV-Datenformat heruntergeladen und dann auf dem Client-Rechner weiter bearbeitet werden. Das Ergebnis einer Abfrage enthält immer auch eine Liste der Publikationen, aus denen die ausgewählten Daten stammen.

Neben den dynamischen Abfragen, deren Kriterien vom Nutzer selbst festgelegt werden können, gibt es noch sogenannte präkompilierte Datensätze. Diese enthalten alle in GEOROC vorhandenen Daten einer bestimmten Lokalität, eines Gesteinstyps oder eines Mineraltyps.

## Dateneingabe

Im Moment erfolgt die Eingabe der Daten durch Mitarbeiter der Datenbankgruppe am MPI für Chemie in Mainz. Für die Zukunft ist geplant, einen browserbasierten Eingabemodus für die Autoren der Publikationen zu schaffen, sodass diese die für GEOROC relevanten Daten selber eingeben können.

## Kooperationen

Die Datenbank GEOROC basiert auf derselben Datenbankstruktur wie die Datenbanken PetDB des Lamont-Doherty Earth Observatory (LDEO) (Lehnert et al. 2000). Später kamen weitere Datenbank hinzu, die ebenfalls diese Struktur benutzen: NAVDAT, SedDB und MetPetDB. GEOROC ist, zusammen mit PetDB und NAVDAT, Mitglied des Datenbank-Konsortiums EarthChem. Über ein gemeinsames Webinterface können Daten aus diesen drei Datenbanken und weiteren Datensammlungen abgefragt und heruntergeladen werden.

Die Daten in GEOROC sind verlinkt mit der Datenbank GeoReM, einer Datenbank des Max-Planck Instituts für Chemie für geologische, umweltrelevante und biologische Referenzmaterialien.

Der GEOROC-Datenbankserver wird von der *Gesellschaft für Wissenschaftliche Datenverarbeitung* GWDG in Göttingen administriert.

## Literatur

* Lehnert, K.A., Su, Y., Langmuir, C.H., Sarbas, B., Nohl, U.: *A global geochemical database structure for rocks*, G-CUBED, Volume 1, 2000, doi:10.1029/1999GC000026.

## Weblinks

* GEOROC [1]
* GeoReM [2]
* PetDB [3]
* EarthChem [4]
* NAVDAT [5]
* SedDB [6]
* MetPetDB [7]

## References


[1] http://georoc.mpch-mainz.gwdg.de/
[2] http://georem.mpch-mainz.gwdg.de/
[3] http://www.petdb.org/
[4] http://www.earthchem.org/
[5] http://www.navdat.org/
[6] http://www.seddb.org/
[7] http://samana.cs.rpi.edu/metpetweb/

# GetInfo

**GetInfo** ist das Portal für technisch-naturwissenschaftliche Fach- und Forschungsinformationen der Technischen Informationsbibliothek (TIB) in Hannover. Das Fachportal bündelt den Zugang zu Fachdatenbanken, Verlagsangeboten und Bibliothekskatalogen. Durch die Kooperation der TIB mit den Fachinformationszentren FIZ Karlsruhe und FIZ Chemie sowie mit dem WTI-Frankfurt bietet GetInfo Zugriff auf alle technisch-naturwissenschaftlichen Informationen zu Architektur, Chemie, Informatik, Mathematik, Physik und Technik. Über verschiedene Bestell- und Liefermöglichkeiten wird die Fachliteratur bereitgestellt.

## getinfo.de

### Recherche

Mittels Suchmaschinentechnologie und vielfältiger Filteroptionen können Recherchen nach technisch-naturwissenschaftlicher Fachliteratur in GetInfo zielgenau durchgeführt werden. Über einen Sucheinstieg können alle Bestände der TIB durchsucht werden. Zum Erweitern oder Einschränken der Suche bietet die Datenbankauswahl eine Vielzahl technisch-naturwissenschaftlicher Fachdatenbanken an.[1] Die Recherche in GetInfo ist kostenfrei.

### Volltextversorgung

Die Lieferung der Volltexte erfolgt durch die Technische Informationsbibliothek (TIB) in Hannover. Die TIB ist die "Deutsche Zentrale Fachbibliothek für Technik sowie Architektur, Chemie, Informatik, Mathematik und Physik". Die schwer beschaffbare, nicht im Buchhandel erhältliche so genannte graue Literatur ihrer Fachgebiete ist ein Spezialgebiet der Bibliothek. Der Bestand der TIB umfasst insgesamt rund 6 Mio. Bände und Mikroformen sowie rund 24.600 Abonnements allgemeiner und spezieller Fachzeitschriften.[2] Unter Berücksichtigung der aktuell geltenden urheberrechtlichen Lieferkonditionen erfolgt die Zustellung der Volltexte in elektronischer Form, per Post oder per Telefax (auch PC-Fax). Elektronische Zeitschriftenartikel von wichtigen technisch-naturwissenschaftlichen Verlagen sind im Online-Zugriff.

## Kooperationspartner

- Technische Informationsbibliothek (TIB), Hannover
- Fachinformationszentrum Karlsruhe (FIZ Karlsruhe), Karlsruhe
- Fachinformationszentrum Chemie (FIZ Chemie), Berlin
- Wissenschaftlich-technische Information Frankfurt [3] (WTI-Frankfurt a. M.)

## Informationsangebot

Folgende technisch-naturwissenschaftlichen Fachdatenbanken sind derzeit in GetInfo integriert:

## Interdisziplinär

- Katalog der TIB
- Fraunhofer Publica
- Elektronische Volltexte - TIBscholar
- Zeitschriftenaufsätze - BL Online Contents
- Konferenzbeiträge - BL Conference Proceedings
- Index selektierter STN-Datenbanken

## Technik

- Technik und Management
- Energietechnik
- Kraftfahrzeugtechnik
- Wohnungs- und Bauwesen
- Chemische- und Biotechnologie
- Index selektierter STN-Datenbanken Technik –
- Fachinformationsführer Technik
- Fachinformationsführer Holztechnologie

## Physik

- Physik und Informationstechnik
- E-Prints - CDS inkl. ArXiv (CERN Document Server)
- Index selektierter STN-Datenbanken Physik
- Fachinformationsführer Physik

## Informatik

- Physik und Informationstechnik
- Industrielle Informationstechnik
- Index selektierter STN-Datenbanken Informatik

## Chemie

- Thermophysical Properties Database - INFOTHERM
- Chemische- und Biotechnologie
- Index selektierter STN-Datenbanken Chemie

## Siehe auch

Deep Web | Fachdatenbank | Fachinformation | Fachinformationszentrum | Informationsverbund | Literaturdatenbank | Technische Informationsbibliothek | Virtuelle Fachbibliothek | Zentrale Fachbibliotheken

## Literatur

*Getinfo. Nach der Restrukturierung. Metasuche, mehr Informationen und integrierte Volltextversorgung*, In: Password 07 und 08/2007, S.20-21

## Weblinks

- GetInfo – Fachinformation für Technik und Naturwissenschaften [4]
- ViFaTec – Virtuelle Fachbibliothek Technik [5]
- ViFaPhys – Virtuelle Fachbibliothek Physik [6]
- Chem.de – Informations- und Wissensplattform Chemie [7]
- WTI-Frankfurt – Wissenschaftlich-technische Information Frankfurt [8]

## Einzelnachweise

[1] Neue Oberfläche: *News der TIB vom 15. Dezember 2010* (http://www.tib-hannover.de/de/die-tib/aktuelles/aktuelles/id/191/), TIB Webseite. Abgerufen am 29.Dezember 2010.

[2] Bestandszahlen: *Bibliotheksprofil der TIB* (http://www.tib-hannover.de/de/die-tib/bibliotheksprofil/), TIB Webseite. Abgerufen am 11.Januar 2011.

[3] http://www.wti-frankfurt.de/

[4] http://www.getinfo.de

[5] http://www.vifatec.de

[6] http://www.vifaphys.de

[7] http://www.chem.de

[8] http://www.wti-frankfurt.de

# GEMFA

**GEMFA** ist ein deutsches Auskunftssystem, das die Ermittlung des für eine Gemeinde zuständigen Finanzamtes ermöglicht. Grundlage bilden die Daten der Deutschen Post AG, der Finanzverwaltung und des Statistischen Bundesamtes. Das Bundeszentralamt für Steuern (BZSt) pflegt die Daten und stellt sie für Recherchen und zum Herunterladen bereit.

## Quellen

- Allgemeine Informationen [1] auf der Webseite des BZSt
- GEMFA-Suchformular [2] auf der Webseite des BZSt

## References

[1] http://gemfa.bzst.bund.de/fahilfe.htm

[2] http://gemfa.bzst.bund.de/gemfai.exe/

# Gmelins_Handbuch_der_anorganischen_Chemie

**Gmelins Handbuch der anorganischen Chemie**, vormals *Handbuch der theoretischen Chemie*, ist ein ursprünglich von Leopold Gmelin herausgebrachtes Handbuch, das die Zielsetzung hatte, alle relevanten Daten der Chemie zusammenzutragen.

Bald wurde aber klar, dass die Menge der Daten so schnell wuchs, dass eine Abtrennung der organischen Chemie vorgenommen werden musste. Die Sammlung dieser Daten geschah in Friedrich Konrad Beilsteins Handbuch der organischen Chemie (ab ca. 1850).

Ziel des Gmelin war es, alle relevanten Daten (chemische und physikalische) anorganischer Substanzen zu sammeln, kritisch zu sichten und zu veröffentlichen. Ab der 8. Auflage (1922ff) wurde der Gmelin nach einem neuen, vom Gmelin-Institut ausgearbeiteten System strukturiert (Gmelin-System). Eine 9. Auflage wurde nicht in Angriff genommen, sondern ähnlich wie beim *Beilstein* wurden Ergänzungswerke herausgegeben, die die neuere Literatur berücksichtigen. Seit 1981 erscheinen neue Bände nur noch in englischer Sprache. Seit 1990 trägt der 'Gmelin' daher den Titel "Gmelin Handbook of Inorganic and Organometallic Chemistry". In den letzten Jahren des Bestehens des Gmelin-Institutes erschienen jährlich etwa 20 Handbuchbände mit insgesamt ca. 6400 Seiten. Der Gmelin ist auch als Online-Datenbank über den Host STN International abfragbar. Die herausgehobene Bedeutung in der systematischen Erfassung der anorganischen und metallorganischen Literatur weltweit machte das Gmelin-Institut zu einer Referenzadresse in der systematischen Nomenklatur chemischer Verbindungen der Anorganik. Der Leiter des Gmelin-Institutes (Ekkehard Fluck) war lange Zeit Vorsitzender der anorganischen Abteilung der IUPAC (International Union of Pure and Applied Chemistry).

1997 wurde die Herausgabe des Gmelin eingestellt und das Gmelin Institut, das für die Herausgabe verantwortlich war, aufgelöst. Bis zur Einstellung der Herausgabe waren 760 Bände des Handbuchs mit rund 240.000 Seiten erschienen, zuzüglich eines Gesamtregisters "Gmelin Formula Index" mit 35 Bänden.

Seit Januar 2009 ist der Gmelin zusammen mit den Datenbanken Beilsteins Handbuch der Organischen Chemie und Patent Chemistry in einer gemeinsamen Datenbank Reaxys recherchierbar.

## Weblinks

Digitalisate beim Web-Archiv:

* Gmelin-Kraut's *Handbuch der anorganischen Chemie ... unter Mitwirkung hervorragender Fachgenossen* 7. Aufl. C. Winter, Heidelberg 1906/7. Bd. I/1 [1], Bd. II/1 [2], Bd. III/2 [3]
* Homepage der Reaxys Datenbank [4]

## References


[1]  http://www.archive.org/details/gmelinkrautshan01kraugoog

[2]  http://www.archive.org/details/gmelinkrautshan02kraugoog

[3]  http://www.archive.org/details/gmelinkrautshan03kraugoog

[4]  https://www.reaxys.com/reaxys/session.do

# Heimverzeichnis

| Heimverzeichnis | |
|---|---|
| www.heimverzeichnis.de [1] | |
| **Kommerziell** | Nein |
| **Beschreibung** | Datenbank mit Informationen und Bewertungen zu Pflegeheimen und Altenheimen |
| **Sprachen** | Deutsch |
| **Eigentümer** | Bundesinteressenvertretung der Nutzerinnen und Nutzer von Wohn- und Betreuungsangeboten im Alter und bei Behinderung (BIVA) e.V. |
| **Erschienen** | 2008 |

Das **Heimverzeichnis** (*HVZ*) ist eine im Internet verfügbare Datenbank zur Suche von Pflege- oder Seniorenheimen und stationären Betreuungsangeboten in Deutschland, bei der die Verbraucherfreundlichkeit der Heime aufgezeigt werden soll. Heime, die durch ehrenamtliche Gutachter geprüft wurden und bestimmte Kriterien zur Lebensqualität erfüllen, sind mit einem grünen Haken gekennzeichnet. Am 17. Februar 2009 wurde die Webseite online gestellt und ist seitdem kostenfrei nutzbar.

Das HVZ ist ein Projekt der Bundesinteressenvertretung der Nutzerinnen und Nutzer von Wohn- und Betreuungsangeboten im Alter und bei Behinderung (BIVA) in Zusammenarbeit mit dem Institut für Soziale Infrastruktur (ISIS). Finanziell wird es vom Bundesministerium für Ernährung, Landwirtschaft und Verbraucherschutz (BMELV) gefördert. Für das Projekt arbeitet die BIVA mit einem Beratergremium zusammen, dem Vertreter der Trägerverbände, Pflegekassen, Heimaufsicht, des Medizinischen Dienstes der Krankenversicherung (MDK) sowie weiterer Senioren- und Verbraucherorganisationen angehören.

## Informationen der Datenbank

Neben Kontaktdaten und Angaben zu Wohn- und Betreuungsangeboten liefert die Heim-Suchmaschine Informationen über Leistungen und Bewertungen der Lebensqualität. Aspekte sind etwa Freundlichkeit des Pflegepersonals, respektvoller Umgang, Selbstbestimmung und Teilhabe.

Suchkriterien, die von Nutzern eingegeben werden können, sind unter anderem eine Umkreissuche mit Ortseingabe oder Eingabe einer Postleitzahl. Es kann auch nach dem Namen eines Heimes oder eines Trägerverbandes gesucht werden. Die erweiterte Suchmaske lässt Anfragen nach individuellen Bedürfnissen zu: unter *Platzangebote* kann etwa nach Einzel- oder Mehrbettzimmer, Zimmeranzahl in Wohnungen, die Nähe von Einkaufsmöglichkeiten oder Ärzten recherchiert werden; unter *Ausstattung* etwa nach dem Vorhandensein von Garten, Schwimmbad oder Hobbywerkstatt, nach Möglichkeiten der Tierhaltung, Probewohnen und eigener Möblierung; unter *Leistungsangebote* können etwa Verpflegungsmöglichkeiten, Gymnastikgruppen, Lesezirkel oder Musikgruppen abgefragt werden.

## Eintragung in die Datenbank

Die Ersterfassung der Adress- und Kontaktdaten der Heime erfolgt durch die BIVA. Jedes Heim kann sich auch eigenständig anmelden. Die Eintragung der Leistungen und Angebote der Heime wird jeweils von den Einrichtungen selbst vorgenommen. Um auf Verbraucherfreundlichkeit getestet zu werden, muss ein gesonderter Antrag über das Onlineportal von der jeweiligen Einrichtung gestellt werden. Die Begutachtung durch einen ehrenamtlichen, geschulten Gutachter ist derzeit kostenlos (Stand: März 2010), nach der Startphase des Projektes können nach eigenen Angaben bis circa 500 Euro für die Begutachtung anfallen.

## Begutachtung der Heime

Mit Hilfe ehrenamtlicher Gutachter wird die Lebensqualität in den Pflegeeinrichtungen beurteilt. Die Kriterien zur Erfassung der Lebensqualität wurden in Anlehnung an die Standards der Weltgesundheitsorganisation und die „Pflege-Charta der Rechte für hilfe- und pflegebedürftige Menschen" sowie unter Berücksichtigung aktueller Forschungsergebnisse entwickelt. Stationäre Pflegeeinrichtungen, die 80 Prozent der Kriterien zur Lebensqualität erfüllen, sind in der Datenbank mit einem grünen Haken ausgezeichnet.

Unter den Punkten Autonomie, Teilhabe und Menschenwürde wird die Lebensqualität geprüft. Jedem Punkt sind circa 40 Kriterien zugeordnet. Ein Heim wird als verbraucherfreundlich anerkannt, wenn in jedem Bereich mindestens 80 Prozent der Kriterien erfüllt sind.[2]

Jedem Punkt sind circa 40 Kriterien zugeordnet. Ein Heim wird als verbraucherfreundlich anerkannt, wenn in jedem Bereich mindestens 80 Prozent der Kriterien erfüllt sind.

Heime, deren Verbraucherfreundlichkeit festgestellt wurde, erhalten eine Urkunde, die sie in ihrer Einrichtung aufhängen können. Darüber hinaus kann das Symbol, der grüne Haken, auch für ein Schild im Eingangsbereich oder für Prospekte verwendet werden. Das Begutachtungsergebnis ist ein Jahr lang gültig. Danach ist eine Wiederbegutachtung notwendig. Die Detailergebnisse sind in der Datenbank sichtbar, wenn das Heim sie selbst freigeschaltet hat. Wenn bei einem Heim keine Verbraucherfreundlichkeit festgestellt werden konnte, wird das Ergebnis nicht veröffentlicht. Falls ein Heim mit seinem Abschneiden nicht zufrieden ist, kann es Maßnahmen ergreifen, die die Lebensqualität in seiner Einrichtung verbessern und sich zeitnah erneut begutachten lassen.

## Ehrenamtliche Gutachter

Menschen, die als ehrenamtliche Gutachter für die BIVA tätig werden wollen, können sich freiwillig bei der BIVA melden. Sie werden auf zweitägigen Schulungen auf ihre Arbeit vorbereitet. Von der Teilnahme werden Personen ausgeschlossen, die etwa beim medizinischen Dienst der Krankenversicherung oder der Heimaufsicht beschäftigt sind, die bei einem Träger einer stationären Einrichtung oder eines ambulanten Dienstes im Bereich der Altenhilfe arbeiten oder die in einer Branche tätig sind, zu deren Kundenkreis stationäre Einrichtungen der Altenhilfe oder deren Bewohnerinnen und Bewohner gehören. Bis März 2010 wurden rund 500 ehrenamtliche Gutachter ausgebildet.

## Einzelnachweise

[1]  http://www.heimverzeichnis.de/
[2]  *Online-Datenbank: Heimverzeichnis mit Bewertungen.* (http://www.aerzteblatt.de/V4/archiv/artikel.asp?id=64210) In: *Aerzteblatt.de.* Abgerufen am 12. April 2010.

## Weblinks

- Heimsuche auf www.heimverzeichnis.de (http://www.heimverzeichnis.de/)
- BMELV Verbraucherkompass (http://www.verbraucherkompass.de/nn_1334324/SubSites/VSK/ SharedDocs/ExterneLinks/Projekte/Heimverzeichnis.html)
- Gesucht: Pflegeheim mit Lebensqualität – Das Internet soll helfen (http://www.krankenkassen.de/dpa/146353. html). dpa-Text auf www.krankenkassen.de
- Der Weg zum richtigen Seniorenheim (http://www.stuttgarter-nachrichten.de/leben-gesundheit.html/id/ 8215949b-c569-4f44-ba72-f154bfd44ef8) auf Stuttgarter-Nachrichten.de

# Google_Bücher

| Google Bücher | |
|---|---|
| Google books | |
| books.google.de [1] | |
| **Kommerziell** | Ja |
| **Beschreibung** | Online-Buchsuche |
| **Eigentümer** | Google Inc. |
| **Erschienen** | April 2005 |

**Google Bücher** (auch *Google Buchsuche*; englisch **Google Books**) ist eine Dienstleistung des US-amerikanischen Unternehmens Google Inc. mit dem Ziel, das in Büchern gespeicherte Wissen der Welt vorwiegend durch Digitalisierung für die Volltextsuche verfügbar zu machen.

## Beschreibung

Google Bücher speist sich aus zwei Quellen:

- Google Print im engeren Sinn, dem – nicht weiter kontroversen – Kooperationsprojekt mit Verlagen, und
- *Google Library*, bei dem Bücher großer akademischer Bibliotheken auch ohne vorherige Zustimmung der Rechteinhaber massenweise gescannt werden, was juristisch umstritten war und ist.

## Geschichte

Im Oktober 2004 stellte sich Google Print auf der Frankfurter Buchmesse vor (Pressekonferenz mit den Firmengründern Sergey Brin und Larry Page). Erste Berichte über Google Print gab es im gleichen Monat. Im Dezember 2004 begannen Suchergebnisse aus gescannten Büchern in den Ergebnislisten der englischen Suchoberfläche Google.com zu erscheinen. Google möchte bis 2015 15 Millionen Bücher (entspricht 4,5 Milliarden Seiten) gescannt haben.

Seit April 2005 existiert eine eigene Suche für die Inhalte des Programms. Im Oktober 2005 präsentierte man zur Frankfurter Buchmesse deutsche und anderssprachige Benutzungsoberflächen.

Am 4. November 2005 wurde die Suchseite, nunmehr mit einer erweiterten Suche versehen (Abfrage nach Zeiträumen nun möglich), offiziell vorgestellt. Am 17. November 2005 kündigte Google die Umbenennung des Dienstes in seinem Firmen-Weblog an.[2] Seit diesem Zeitpunkt werden Anfragen von print.google.com nach books.google.com weitergeleitet.

Im September 2008 kündigte Google an, gemeinsam mit nordamerikanischen Zeitungsverlagen Zeitungen zu digitalisieren. Die digitalisierte Version soll durchsuchbar sein, mit dem Webbrowser navigierbar und erscheinen wie in der Printausgabe mitsamt den Fotografien, Schlagzeilen und Werbeanzeigen.[3]

Inzwischen gibt es bei einer Reihe von Büchern eine Kooperation mit Internet Archive. Dort gibt es Ausgaben in verschiedenen Formaten, für das PDF wird auf Google verwiesen (wo es für Werke nach 1864 für Nicht-US-Nutzer dann nicht verfügbar ist, siehe Kontroversen).

## Kooperation mit den Verlagen

Google erhält von den Verlagen Bücher oder bekommt PDF-Dateien zugesandt. Die Bücher werden gescannt und durch OCR als E-Texte in den Index aufgenommen. Nutzer können jeweils nur vergleichsweise wenige Seiten des einzelnen Buchs einsehen. Nach einigen Seiten können nur (kostenfrei) registrierte Nutzer eine Anzahl weiterer Seiten einsehen. Eine Reihe von Seiten ist von vornherein für den Zugriff gesperrt. Nach Erschöpfung des Tageskontingents können keine weiteren Seiten betrachtet werden. Frei zugänglich sind in der Regel das Inhaltsverzeichnis, nicht selten auch das Register.

Google versucht die Inhalte durch eine Art Kopierschutz (sogenanntes „Digital Rights Management" rsp. Digitale Rechtevergabe) zu schützen. Dass dies jedoch nicht immer vollständig angewandt wird, kann man an verschiedenen Fachbüchern problemlos nachvollziehen.[4] Angeschaute Seiten lassen sich nach dem Anzeigen im Internet-Browser mittels bestimmter Methoden dann sogar aus dessen Browser-Cache herauslesen und können mit entsprechenden Tools dann zu einer PDF-Datei zusammengeführt werden.

## Kooperation mit Bibliotheken

Google scannt seit etwa 2005 den kompletten Bestand der Bibliothek der University of Michigan (über 7 Millionen Bände) sowie große Teile der US-Universitätsbibliotheken der Harvard University und der Stanford University, der New York Public Library sowie in Europa der Bodleian Library der Oxford University. Auch die Bibliotheken der University of Virginia, der University of Wisconsin-Madison, der Princeton University, der University of California und der University of Texas at Austin beteiligen sich.

Ende 2006 traten zwei weitere Institutionen dem Verbund der Bibliotheken bei, die Bücher bei Google digitalisieren lassen: Die Nationalbibliothek von Katalonien (*Biblioteca de Catalunya*) in Barcelona und die Bibliothek der Universidad Complutense Madrid.

Am 6. März 2007 gab die Bayerische Staatsbibliothek in München bekannt, als erste deutsche Bibliothek mit dem Projekt zu kooperieren. Es sollen nun etwa eine Million urheberrechtsfreier Werke aus den historischen Beständen und aus Spezialsammlungen digitalisiert werden.[5] Ausgenommen von dem Digitalisierungsprojekt sind nur die Handschriften- und Inkunabelbestände sowie seltene und besonders wertvolle historische Drucke.[6]

Im Juli 2008 gab die Bibliothèque Municipale de Lyon als erste französische Bibliothek bekannt, ihre Bücher digitalisieren zu lassen.[7]

Am 15. Juni 2010 gab die Österreichische Nationalbibliothek (ÖNB) bekannt, dass Google ihren urheberrechtsfreien Buchbestand digitalisiert. Die Kosten für die Digitalisierung der rund 400.000 Bücher betragen etwa 30 Mio. Euro und werden von Google getragen. ÖNB-Generaldirektorin Johanna Rachinger bezeichnete dieses Vorhaben als eines der größten Public Private Partnership in der österreichischen Kulturlandschaft. 400.000 Bände vom 16. bis ins 19. Jahrhundert (mit Ausnahme jener Bücher, bei denen konservatorische Bedenken dagegen sprechen) sollen dabei im Volltext erfasst werden – rund 120 Millionen Buchseiten sind danach online und kostenlos abrufbar.[8]

Heftige Kritik von Autoren- und Verlegerseite brachte Google dazu, das Scannen von urheberrechtlich geschützten Büchern bis November 2005 auszusetzen. Bis zu diesem Zeitpunkt sollten die Rechteinhaber angeben, welche Bücher sie nicht zugänglich gemacht haben möchten (Opt-out-Lösung). Während Google sich auf den *fair use* des US-Rechts beruft und dabei von renommierten Juristen unterstützt wird, fordern die Verleger und Autorenverbände, dass kein Buch ohne Zustimmung ins Programm eingestellt wird (Opt-in). Im Oktober 2005 wurden in den USA Klagen von Autoren und Verlegern gegen Google eingereicht.

## Anwendung in der Forschung

Ein im Dezember 2010 in Science veröffentlichter Aufsatz berichtet über die Möglichkeiten, Google Books zur quantitativen Analyse von Kultur zu nutzen (*Culturomics*). Den Wissenschaftlern standen für ihre Analysen etwa 4 % aller Bücher, die jemals gedruckt wurden, zur Verfügung. Sie konvertierten die Bücher in eine massive Datenbank der in den Büchern enthaltenen Wörter (N-Gramm). Die Herangehensweise lasse sich für Forschungen auf verschiedenen Gebieten nutzen, wie Lexikographie, Evolution von Grammatik, kollektivem Gedächtnis, Technologieadoption, Ruhm, Zensur, oder historischer Epidemiologie. Das Forscherteam schätzte z. B. auf Basis der Datenbank, dass sich die Größe des englischen Wortschatzes innerhalb des letzten Jahrhunderts fast verdoppelte. In einer anderen Untersuchung wurde der kulturelle Einfluss Freuds mit dem Darwins verglichen. Freud verlor an Einfluss; Darwin überholte Freud im Jahr 2005.[9] [10]

## Kontroversen

### Probleme der Auswahl der Digitalisate

Ein vehementer Kritiker in Europa ist der ehemalige Direktor der Französischen Nationalbibliothek, Jean-Noël Jeanneney, der mit Gallica ein freies europäisches Digitalisierungsprojekt betreibt. Er befürchtet, dass durch die englischsprachige Ausrichtung des Projekts die europäischen Sprachen ins Hintertreffen geraten könnten und warnt vor der „Google-Arroganz" und der Dominanz einer Hypermacht.[11] Der Historiker Jeanneney plädiert dafür, dass Europa eine Alternative zum Google-Digitalisierungsprojekt auf die Beine stellt. An Google kritisiert er vor allem die Hegemonie des Englischen und den Kumulationseffekt (bei ihm genannt die „Blickfang-Methode", üblich ist der Begriff „Ranking", *siehe:* PageRank), der dazu führe, dass im Kampf um die Aufmerksamkeit des Lesers eine gewollte Konzentration auf die Listenführer stattfinde. Der stärkere Anbieter wird immer noch stärker auf Kosten des Schwächeren. Dadurch werde Google besonders für die Werbung wichtig. Diesem „kapitalistischen" Google-Prinzip möchte Jeanneney ein Modell entgegensetzen, bei dem der Staat das Sagen in Dingen des kulturellen Gedächtnisses hat. 19 National- und Universitäts-Bibliotheken in Europa haben den Appell der französischen Nationalbibliothek unterzeichnet, um eine drohende geistige und kulturelle Vorherrschaft der USA zu verhindern.

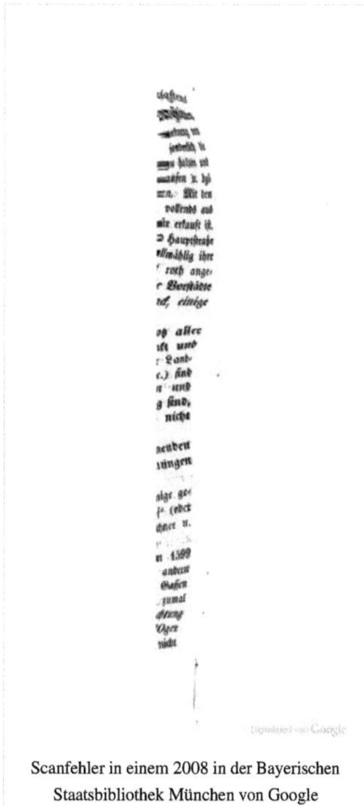

Scanfehler in einem 2008 in der Bayerischen Staatsbibliothek München von Google gescannten Buch

Das Problem, dass *Google Books* mit seiner Marktdominanz durch seine Selektionspraxis Alternativen verstellt, wird auch in Deutschland gesehen, insbesondere bei der Recherche auf Spezialgebieten wie etwa der Lokalgeschichte oder der Mundartforschung.[12]

## Probleme bei den Suchfunktionen

Die Suche erfolgt nicht wie in einem Bibliothekskatalog. Mit der einfachen Suchmaske erfolgt eine Volltextsuche über die Buchinhalte, nur die „Erweiterte Buchsuche" ähnelt einem Bibliothekskatalog. Wer bestimmte Bücher suchen will, muss die Felder „Titel" und „Autor" ausfüllen. Die Buchsuche ist auch in dieser Suchmaske mit Mängeln behaftet. So gibt es keine Normierung der Ansetzung. Es wird nicht zwischen Monographien und Periodika unterschieden. Mehrbändige Werke, verschiedene Auflagen eines Werkes oder die Bände einer Zeitschrift erscheinen in zufälliger Reihenfolge und lassen sich nicht numerisch sortieren. Ob ein bestimmtes digitalisiertes Werk in der Ergebnisliste erscheint, ist von Zufällen abhängig, die der Benutzer nicht durchschauen kann.

Eine Zuordnung von systematischen Sachgruppen und Schlagworten zu den Büchern wie in Bibliothekskatalogen erfolgt nicht. Bücher eines bestimmten Fachgebietes zu selektieren, ist nicht möglich. Google geht davon aus, es genüge für die thematische Suche, alle Wörter in den Büchern zu erfassen. Die Eingabe eines Stichworts kann aber immer nur Ergebnisse in der verwendeten Sprache liefern. Es wird nicht berücksichtigt, dass oft auch sprachübergreifend gesucht wird und dass ein Wort in mehreren Fachgebieten verwendet werden und unterschiedliche Bedeutungen haben kann.[13]

## Probleme bei der Texterkennung

Der Spiegel bemängelte die oft miserable OCR-Qualität und die mangelhaften Metadaten.[14]

Obwohl die Digitalisierung vielfach per Hand erfolgt, unterlaufen gravierende Fehler. So werden Klapptafeln fast immer in zugeklapptem Zustand aufgenommen. Häufig fehlen Seiten oder sind unleserlich, nicht selten verdeckt auch ein Finger oder die Hand des zum Umblättern eingesetzten Personals den Text.

Die Texterkennung von google wird teils über das ganze Buch, teils über Teile des Buches, teils über das Inhaltsverzeichnis, teils nur über Teile des Inhaltsverzeichnisses durchgeführt. Sie liefert bei älteren Schrifttypen unbrauchbare Ergebnisse, und zwar bei englischen Texten ebenso wie bei französischen und deutschen. Es gibt Fälle, in denen sogar der Autorenname vom OCR falsch erkannt wurde, so dass das Werk unter dem Autorennamen nicht gefunden werden kann.[13]

2009 kaufte Google den weltweit auf verschiedenen Websites eingesetzten CAPTCHA-Dienst reCAPTCHA, um die automatische Textexerkennung als Nebenprodukt von Menschen überprüfen zu lassen.

## Probleme des Copyright

Mitglieder des Konkurrenzprojektes der Open Content Alliance kritisieren das Vorgehen von Google, das keine Rücksicht auf Copyright nehme.

In Deutschland fordern im Heidelberger Appell Schriftsteller, Verlage und Wissenschaftler den Schutz des Urheberrechts gegen seine Aushöhlung. In dem Manifest werden zwei Dinge miteinander verbunden: Die Kritik an der Google-Buch-Digitalisierung mit einer Kritik an Open-Access-Politik im Allgemeinen. Dies hat zu einer Zersplitterung der Kritiker des rasch voranschreitenden Google-Digitalisierungsprojekts geführt. Ein großes Problem sieht der Heidelberger Appell insbesondere im sogenannten *Google Book Settlement*.

# Google Book Settlement

Das Google Book Settlement[15] ist ein Vergleichsvorschlag, den die Firma Google auf eine Sammelklage US-amerikanischer Verlage und Autoren gegen sie ausgearbeitet hat. Sollte dieser Vergleich vor dem New Yorker Gericht zustande kommen, so betrifft er auch nicht-amerikanische Verlage und Autoren, da Google über das Internet weltweit erreichbar ist. Zudem könnten Autoren gegen die Vergleichsvereinbarungen nach amerikanischem Recht nicht mehr nachträglich prozessieren, sofern sie sich nicht zuvor durch individuellen Einspruch aus der Sammelklage ausgeschlossen haben.[16] [17] [18] Google könnte dann jedes Werk deutschsprachiger Autoren, die keinen Einspruch in den USA eingelegt haben, in digitalisierter Form auf seiner Plattform zur Ansicht stellen, ohne dass hiergegen noch rechtlicher Einspruch der Autoren möglich wäre.

Anfang Mai 2009 wurde das abschließende Anhörungsverfahren für das *Google Book Settlement* vom 11. Juli 2009 auf den 6. Oktober 2009 vertagt. Die Widerspruchsfrist für Verlage und Autoren („Nicht-Teilnahme-Frist") wurde vom 5. Mai 2009 bis zum 4. September 2009 verlängert.[15] (Entgegen anderslautenden Gerüchten[19] bleibt es bei diesem Termin.)[20] Für den deutschen Buchmarkt hat die VG Wort einen eigenen Regelungsvorschlag ausgearbeitet. VG Wort kritisiert und klagt auf der einen Seite gegen Aspekte dieser möglichen Einigung vor einem amerikanischen Gericht. Auf der anderen Seite arbeitet die VG Wort auch mit Google bei der geplanten Umsetzung der Einigung zusammen.

Am 1. September 2009 kritisierte die Bundesregierung den Einigungsvorschlag. Sie forderte, dass man zumindest eine eigene Klasse für die deutschen Rechteinhaber bilden solle und diese von der pauschalen Einigung ausnehme. Zudem behindere Googles Copyright-Verletzungen und das Verhalten „Erst tun, dann fragen" Projekte wie die europäische Online-Bibliothek Europeana, die Autorenrechte vorab wahre.[21]

In den USA kritisierte etwa die American Society of Journalists and Authors die Einigung als einen internen Handel zugunsten der daran Beteiligten.[20] Auch in der FAZ wird der Verdacht eines sogenannten „Coupon-settlements" nahegelegt, bei dem selbsternannte Klägeranwälte mit Google eine „Einigung" aushandeln, um ein üppiges Honorar und eine marktdominierende Stellung für Google zu erreichen.[22]

Anlässlich einer Expertenanhörung durch die EU-Kommission am 7. September 2009 erklärte Google, auf die Bedenken von Verlegern und Autoren eingehen zu wollen und deren Vertreter an der Beaufsichtigung des Projekts *Google Books* zu beteiligen. In Europa urheberrechtlich geschützte und lieferbare Bücher sollen nicht ohne ausdrückliche Erlaubnis gescannt und online zugänglich gemacht werden.[23] Gleichzeitig kündigte die EU-Kommission an, das Urheberrecht ändern zu wollen, da aufgrund der Gesetzeslage nur die USA von den Vorteilen der Digitalisierung und Online-Vermarktung profitieren würden.[24]

Im September 2011 wurde bekannt:

> „In a surprise move, authors' groups slammed their one-time university partners with a lawsuit demanding that the schools' surrender digital collections and stop working with Google (NSDQ: GOOG). The lawsuit opens a new phase in the fight over digital libraries and comes the same week that Google's controversial books settlement is expected to die in court.[25] "

# Andere Projekte

- Die Open Content Alliance u. a. mit Konkurrent Yahoo, dem Internetarchiv und der University of California hat im Rahmen der Open Library in großem Umfang Bücher katalogisiert und digitalisiert, als Open Content und unter strikter Wahrung des Urheberrechts.
- Auch der Konkurrent und mögliche Partner von Google, das Internet-Versandhaus Amazon bietet gescannte Bücher im Volltext an, konzentriert sich jedoch auf aktuell im Handel erhältliche Bücher, und will damit den Verkauf gedruckter Bücher fördern. Mit seiner Suche „Search Inside the Book"[26] macht Amazon Titelseite, Klappentext, Inhaltsverzeichnis, Register und zwei Seiten vor und hinter einem Suchergebnis verfügbar.
- Die Suchmaschine A9.com[27], eine Amazon-eigene Suchmaschine, die Microsofts Suchtechnologie mit Amazons „Search Inside the Book" verknüpft, zeigt auf der Basis eines noch kleinen, englischsprachigen Katalogs, wie sich in eingescannten Büchern, Bildern und Websites übergreifend suchen lässt.
- In Deutschland gibt es zwei große universitäre Digitalisierungszentren: in Göttingen und in München. Bis zum Mai 2006 wurden im Göttinger Digitalisierungszentrum 4.487.815 Seiten in 11.726 Bänden digitalisiert. Rund die Hälfte davon ist frei zugänglich. Das Göttinger Vorzeigeobjekt ist die Digitalisierung der Gutenberg-Bibel. Das Münchener Digitalisierungszentrum hatte im Februar 2010 ca. 184.000 Titel frei zugänglich im Netz bereitgestellt.
- MINERVA
- die Internetprojekte Wikisource und Project Gutenberg

- Gallica
- The European Library, eine europäische Initiative, die den Zugang zu den digitalisierten Werken der Mitgliedsländer verbessern soll.
- Auch große Verlage wie Random House (Bertelsmann) beginnen, ihre Buchbestände zu digitalisieren und für Suchmaschinen auffindbar zu machen. Random House stellte im Februar 2007 Teile seiner Buchbestände (5.000 Titel, weitere sollen folgen) online.[28] Mit *Insight* ermöglicht das Unternehmen seinen Kunden eine festgelegte Anzahl von Seiten pro Titel zu durchsuchen.[29]
- Seit Oktober 2007 ist mit Zeno.org eine weitere Online-Bibliothek verfügbar.
- Libreka – die deutsche Antwort des Börsenvereins des Deutschen Buchhandels auf Google Book Search

## Siehe auch

- Bibliothek des Litterarischen Vereins in Stuttgart (Liste von Digitalisaten)
- Vorlage:Google Buch

## Einzelnachweise

[1]  http://books.google.de

[2]  Jen Grant: *Judging Book Search by its cover* (http://googleblog.blogspot.com/2005/11/judging-book-search-by-its-cover.html). Nov. 2005.

[3]  Punit Soni: *Bringing history online, one newspaper at a time* (http://googleblog.blogspot.com/2008/09/ bringing-history-online-one-newspaper.html). googleblog.blogspot.com 8. September 2008

[4]  So steht von dem Buch „Active Directory für Windows Server 2008" von Addison-Wesley, ISBN 978-3-8273-2740-6, an manchen Tagen fast der gesamte Inhalt des Buches offen im Internet

[5]  Jens Redmer: *The Bavarian State Library becomes largest non-English library partner.* (http://booksearch.blogspot.com/2007/03/ bavarian-state-library-becomes-largest.html) In: *Inside Google Book Search.* 6. März 2007, abgerufen am 11. März 2007.

[6]  Klaus Ceynowa: *Der ‚BSB-Google-Deal'. Eine Million Bücher der Bayerischen Staatsbibliothek online in: BibliotheksMagazin. Mitteilungen aus den Staatsbibliotheken in Berlin und München, Nr. 1/2008, S. 3-7* (http://staatsbibliothek-berlin.de/deutsch/bibliotheksmagazin/)

[7]  *Google digitalisiert Stadtbibliothek von Lyon* (http://derstandard.at/?url=/?id=3413041), derstandard.at, 13. Juli 2008

[8]  APA: *Google digitalisiert Nationalbibliothek.* (http://www.oesterreich-bibliotheken.at/aktuelles_mehr.php?id=147) Abgerufen am 13. Februar 2012.

[9]  John Bohannon: Google Opens Books to New Cultural Studies. Science, Vol. 330, 17. Dezember 2010. S. 1600. (http://dericbownds.net/ uploaded_images/Science-2010-Bohannon.pdf)

[10]  Jean-Baptiste Michel, Yuan Kui Shen, Aviva Presser Aiden, Adrian Veres, Matthew K. Gray, The Google Books Team, Joseph P. Pickett, Dale Hoiberg, Dan Clancy, Peter Norvig, Jon Orwant, Steven Pinker, Martin A. Nowak, Erez Lieberman Aiden: Quantitative Analysis of Culture Using Millions of Digitized Books. Science, Vol. 331, 16. Dezember 2010. S. 176-182. (http://www.sciencemag.org/content/331/ 6014/176.full.pdf)

[11]  Michael Mönninger: Die Google-Bibliothek. (http://www.zeit.de/2005/32/Google-Bibliothek) in: *Die Zeit.* Hamburg 2005,32. ISSN 0044-2070 (http://dispatch.opac.d-nb.de/DB=1.1/CMD?ACT=SRCHA&IKT=8&TRM=0044-2070)

[12]  Peter Bürger: *Grimmiges über Google Books* (http://www.heise.de/tp/artikel/36/36105/1.html) telepolis, 6. Januar 2012.

[13]  Für Beispiele siehe: *Bücher suchen mit Google.* In: *Grüner Anzeiger*, 12, November 2009, S. 30!

[14]  Malte Herwig: *Die entleibte Bibliothek.* In: Der Spiegel, 12/2007, S. 186 f.

[15]  Google Book Settlement (http://www.googlebooksettlement.com/), Google

[16]  *Amerikanische Justiz prüft Googles Vergleich* (http://www.faz.net/s/Rub475F682E3FC24868A8A5276D4FB916D7/ Doc~EEF520B9AFA4A4EEDB5065A909DA9A9E7~ATpl~Ecommon~Scontent.html), F.A.Z, 29. April 2009

[17]  Michael W. Perry: *Alles hängt jetzt von Europa ab* (http://www.faz.net/s/Rub475F682E3FC24868A8A5276D4FB916D7/ Doc~EF8373897EFEA438A9F641CBAE999E0C8~ATpl~Ecommon~Sspezial.html), F.A.Z., 5. Mai 2009

[18]  Burkhard Hess: *Es wird Zeit, dass die Bundesregierung eingreift* (http://www.faz.net/s/ RubBE163169B4324E24BA92AAEB5BDEF0DA/Doc~E74446D08BF584F8D8725EB2BD5BDF90B~ATpl~Ecommon~Scontent.html), F.A.Z., 7. Mai 2009

[19]  Die Frist sollte aus technischen Gründen vom Gericht bis zum 8. September verlängert werden. http://futurezone.orf.at/stories/1626350/

[20]  http://www.asja.org/google/

[21]  http://www.spiegel.de/netzwelt/web/0,1518,646397,00.html

[22]  http://www.faz.net/s/RubBE163169B4324E24BA92AAEB5BDEF0DA/ Doc~E74446D08BF584F8D8725EB2BD5BDF90B~ATpl~Ecommon~Scontent.html

[23]  Zugeständnisse an europäische Verlage? (http://www.focus.de/digital/digital-news/
google-zugestaendnisse-an-europaeische-verlage_aid_433561.html) Focus Online, 7. September 2009

[24]  EU-Kommission will das Urheberrecht novellieren (http://www.handelsblatt.com/politik/international/
eu-kommission-will-das-urheberrecht-novellieren;2454036) Handelsblatt, 7. September 2009

[25]  [ http://paidcontent.org/article/419-authors-to-universities-give-up-your-google-books/paidcontent.org]

[26]  Amazon „Search Inside the Book" (http://www.amazon.de/exec/obidos/tg/browse/-/14224751)

[27]  A9.com (http://www.a9.com)

[28]  Stuart Applebaum: *Insight, newly launched digital search & browsing service to offer 5,000-plus Random House, Inc. U.S. titles* (http://
www.randomhouse.biz/media/pdfs/Insight.pdf) (PDF-Datei; 31 kB), Pressemitteilung, 27. Februar 2007

[29]  Insight Web Service (http://www.randomhouse.biz/webservices/insight/overview), Random House

## Literatur

- Jean-Noël Jeanneney: *Googles Herausforderung. Für eine europäische Bibliothek.* Mit einem neuen Vorwort des Autors zur dt. Ausg. Nachwort Klaus-Dieter Lehmann. Übers. Sonja Finck, Nathalie Mälzer-Semlinger. Stiftung Preuß. Kulturbesitz Berlin. Wagenbach-Verlag, Berlin-Hamburg 2006 (deutsche Ausg.) ISBN 3-8031-2534-0 = *Quand Google défie l'Europe. Plaidoyer pour un sursaut* Paris: Mille et Une Nuits, 2005 (Origausg.) ISBN 2-84205-912-3 – Rezension auf www.romanistik.info (http://www.romanistik.info/google-jeanneney.html) – Rezension auf Bloogle (http://www.die-google-gesellschaft.de/blog/2006/03/googles-herausforderung/)
- Heiner Wittmann *„Google print" und die europäischen Reaktionen. Eine digitale Bibliothek der EU als Antwort?* In: *Dokumente. Zeitschrift für den deutsch-französischen Dialog* H. 4, 2005, 63 ff.
- Dirk Lewandowski: *Die Search Engines erobern die Buchwelt* (http://www.durchdenken.de/lewandowski/doc/suchmaschinen-news11-05.pdf) (PDF-Datei; 248 kB). In: *Password. Das deutsche Newsletter für Informationsprofis.* Hattingen 11/2005, S. 29 ISSN 0930-3693 (http://dispatch.opac.d-nb.de/DB=1.1/CMD?ACT=SRCHA&IKT=8&TRM=0930-3693)
- Dirk Lewandowski: *Google Buchsuche. Bücher kostenlos zum Download* (http://www.durchdenken.de/lewandowski/doc/pw102006.pdf) (PDF-Datei; 71 kB). In: *Password.* 10/2006, S. 36
- Dirk Lewandowski: *Wie verändert die Einigung mit Verlegern und Autoren die Buchwelt?* (http://docs.google.com/viewer?a=v&q=cache:e3P-_supRrkJ:www.bui.haw-hamburg.de/fileadmin/user_upload/lewandowski/password/password12-2008.pdf+Google+Books&hl=de&pid=bl&srcid=ADGEESjeUNM08k645M59SWyle2-3t2qWIpWGkIglqV96tombvO6TRII-Oa4R-AoQTJRV1-efot7lxgEKNK0wCdmvW_sig=AHIEtbR4igoMgnD3eQQrAJiYDe2fYWCAZg). In: Password, Das deutsche Newsletter für Informationsprofis. Hattingen 12/2008, S. 13 ISSN 0930-3693 (http://dispatch.opac.d-nb.de/DB=1.1/CMD?ACT=SRCHA&IKT=8&TRM=0930-3693)
- Dominik Brückner: *Die Google Buchsuche als Hilfsmittel für die Lexikographie.* In: *Sprachreport.* Institut für Deutsche Sprache (IDS), Mannheim 3/2009, S. 26–31. 0178-644X ISSN ISSN: 0178-644X (http://dispatch.opac.d-nb.de/DB=1.1/CMD?ACT=SRCHA&IKT=8&TRM=ISSN:)
- Klaus Weber: Drei Jahre Freiheitsstrafe für alle Google-Mitarbeiter? Ein Beitrag zur Praxis des Urheberstrafrechts (http://www.zis-online.com/dat/artikel/2010_3_428.pdf) (PDF-Datei; 102 kB). In: Zeitschrift für Internationale Strafrechtsdogmatik (ZIS) 2010, S. 220 ff.
- *Google Book Search Bibliography* (http://www.digital-scholarship.org/gbsb/gbsb.htm), digital-scholarship.org

## Weblinks

- Google Books (http://books.google.de)
- n-grams bei Google labs (http://ngrams.googlelabs.com/)
- Tipps und Tricks von Wikisource (http://de.wikisource.org/wiki/Wikisource:Google_Book_Search)
- Daten zur Entwicklung (http://math.berkeley.edu/~scott/wiki/Google_Print_development_history)
- Bibliografie englischer Publikationen (http://www.escholarlypub.com/digitalkoans/2005/10/25/the-google-print-controversy-a-bibliography/)

# Hessische_Bibliographie

Die **Hessische Bibliographie** ist eine Regionalbibliografie. Sie erfasst mit dem Ziel der Vollständigkeit die gesamte landeskundliche Literatur über Hessen ab dem Berichtsjahr 1974. Grundlage sind die Bestände der Pflichtexemplarbibliotheken in Kassel, Fulda, Frankfurt, Wiesbaden und Darmstadt.

Bis zum Berichtsjahr 2000 erschienen insgesamt 24 Jahresbände in gedruckter Form, seitdem wird sie ausschließlich in elektronischer Form als frei zugängliche Datenbank des Hessischen Bibliotheksinformationssystems (HEBIS) angeboten. Die Titel werden nach den Regeln für die alphabetische Katalogisierung erfasst und durch eine etwa 1.200 Systemstellen umfassende Systematik sowie Schlagwörter erschlossen. Pro Jahr kommen etwa 6.500 Titelnachweise hinzu.

Die Hessische Bibliographie ist Teil der Virtuellen Deutschen Landesbibliographie, welche ein eigenes Webportal hat.

Für den Berichtszeitraum vor 1974 ist das *„Schrifttum zur Geschichte und Geschichtlichen Landeskunde von Hessen“*[1] einschlägig, das in insgesamt sieben gedruckten Bänden von Karl Ernst Demandt (Berichtszeitraum Anfänge bis 1964) sowie von Winfried Leist und Wolfgang Podehl (Berichtszeitraum 1965 bis 1976) gesammelt wurde. Derzeit werden die Bände von Podehl und Leist schrittweise retrospektiv in der Datenbank erfasst.

## Literatur

- Literatur über Hessische Bibliographie [2] in der Hessischen Bibliographie
- Brigitte Störch: *Landesbibliographische Berichterstattung in Hessen.* In: Ludger Syré (Hrsg.): *Die Regionalbibliographie im digitalen Zeitalter.* Frankfurt a.M. 2006, S. 257–266. Volltext [3] (PDF)

## Weblinks

- Hessische Bibliographie [4]

## Einzelnachweise

[1] Karl E. Demandt, Winfried Leist, Wolfgang Podehl (Bearb.): *Schrifttum zur Geschichte und geschichtlichen Landeskunde von Hessen.* Marburg/Wiesbaden 1965–1984. ( Titelnachweis (http://dispatch.opac.ddb.de/DB=1.1/SET=5/TTL=1/CLK?IKT=12&TRM=011043458)).
[2] http://cbsopac.rz.uni-frankfurt.de/DB=2.4/REL?PPN=116388595
[3] http://www.hebis.de/de/1ueber_uns/hessbib/stoerch_landesbibl-bericht.pdf
[4] http://cbsopac.rz.uni-frankfurt.de/LNG=DU/DB=2.4/

# Houben-Weyl

**Houben-Weyl** ist die Kurzbezeichnung für das Handbuch "**Methoden der Organischen Chemie**" ein Standardwerk der chemischen Literatur.

Das von Theodor Weyl begründete und von Heinrich Houben fortgeführte Handbuch versucht, umfassend die Methoden und Vorschriften zur Herstellung und Derivatisierung organischer Verbindungen zusammenzutragen.

Die 4. und letzte deutschsprachige Ausgabe erschien seit 1952 beim Thieme Verlag und wurde 1987 abgeschlossen. Seit 1982 erscheinen Ergänzungsbände, die 1999 abgeschlossen wurden. Seit 2001 erscheint eine englischsprachige 5. Auflage.

Die 4. Auflage besteht aus 16 Bänden, die aus jeweils mehreren Teilbänden bestehen. Insgesamt sind es 70 Einzelbände. Die Ergänzungsbände wurden teilweise in einer anderen thematischen Aufteilung als das Hauptwerk herausgegeben, und es wurden vorher nicht behandelte Themen aufgegriffen.

Die ersten vier Bände der 4. Auflage behandeln allgemeine Laborpraktiken, die Bände fünf bis fünfzehn spezielle Stoffgruppen, Band sechzehn ist ein Registerband.

Seit September 2010 sind Teile des Werkes online abrufbar, der Start erfolgte mit einer Auswahl von ca. 14.000 Reaktionen.

## Weblinks

- http://www.indiana.edu/~cheminfo/h-wguide.html
- Information des Thieme-Verlags [1]
- Video des Verlags zur Geschichte des Houben-Weyls [2]
- Webseite der Online-Version [3]

## References

[1]  http://www.thieme-chemistry.com/de/formate/referenzwerke/houben-weyl.html

[2]  http://www.thieme-chemistry.com/de/unser-service/houben-weyl-centenary/video.html

[3]  http://www.thieme-chemistry.com/de/home/news/article/science-of-synthesis-version-310-launches.html?tx_ttnews[backPid]=3&cHash=109ad78ecf

# Hö rDat

Die **Hö rDat** ist eine private Online-Datenbank nicht-kommerzieller Hörspielproduktionen. Mit Informationen zu mehr als 33.600 [1] Hörspielen wendet sie sich an Wissenschaftler und interessierte Hörer.

Gegründet wurde die Datenbank im Oktober 2000 von Herbert Piechot. Piechot sammelte seit 1982 aus privatem Interesse Hörspiele auf Audiokassetten. Die Sammlung wurde später durch Hörspielbroschüren aller öffentlich-rechtlichen deutschsprachigen Sender ergänzt. [2]

Neben reinen Hörspielen enthält die HörDat auch Nachweise von Features zu Radio- und Hörspielthemen. Die Suche in der Datenbank kann auf Hörspiele eingeschränkt werden, für die ein Sendetermin gespeichert ist. Das frei zugängliche Web-Projekt erhält durchschnittlich 2.300 Abfragen pro Tag.

Am 19. April 2011 wurde Herbert Piechot für den Aufbau der Hörspiel-Webseite die Verdienstmedaille des Verdienstordens der Bundesrepublik Deutschland überreicht [3] .

## Rezension

Die FAZ schreibt über das Projekt:

„Nimmt man die Hörspieldatenbank [4] des Österreichischen Rundfunks hinzu, hat man zwei Werkzeuge zur Hand, die wissenschaftlichen Ansprüchen standhalten und für Sammler eine wichtige Lücke schließen, die bisher nur das Deutsche Rundfunkarchiv mit seinen Buchpublikationen zu schmälern vermochte.“

## Literatur

* Markus Collalti: „Das Hörspiel im Heuhaufen", in: *FAZ*, 17. Mai 2001.

## Weblinks

* http://www.hoerdat.de
* http://oe1.orf.at/hoerspiel/suche

## Quellen

[1]  http://www.hoerdat.de (Stand: April 2011)

[2]  Interview mit Herbert Piechot (http://hörspieler.de/hoerdat.html) (Hörspieler.de)

[3]  http://www.berlin.de/sen/kultur/presse/archiv/20110419.0935.341206.html - die dort genannte Seite www.hoerdat.in-berlin.de ist inhaltsgleich zu http://www.hoerdat.de

[4]  http://oe1.orf.at/hoerspiel/suche Hörspieldatenbank des ORF

# International_Foundation_for_Art_Research

Die **International Foundation for Art Research** (IFAR) ist eine Stiftung, die der wissenschaftlichen Analyse künstlerischer Objekte gewidmet ist. Als unabhängige Institution soll sie zwischen Ausstellungshäusern, Sammlern und dem Publikum vermitteln und vor allem rechtliche und ethische Fragen im Bereich der Kunst aufgreifen, wie beispielsweise Zuschreibungen der Autorschaft von Kunstwerken oder das Identifizieren von Fälschungen.[1] Die IFAR ist eine gemeinnützige Organisation mit Hauptsitz in New York.[2]

## Archiv

Die IFAR gründete 1976 nach längeren Vorläufen ein erstes globales Archiv für Kunstdiebstahl, um den internationalen Kunstraub zu bekämpfen.[3] Das Kunstdiebstahlarchiv wurde schnell die weltweit größte Datenbank für verlorene und gestohlene Kunst, Antiquitäten und Sammlerstücke.[4]

Im Jahr 1991 ging die Datenbank in das Art-Loss-Register (ALR) über, das gemeinsam von IFAR, der Versicherungswirtschaft und großen Auktionshäusern gegründet wurde. Die IFAR verwaltete die US-Geschäfte des Art-Loss-Register bis 1997. Im Folgejahr übernahm das ALR die volle Verantwortung für die Datenbank.[1]

## Literatur

* Houpt, Simon and Julian Radcliffe. (2006). *Museum of the Missing: a History of Art Theft.* [5] New York: Sterling Publishing. 10-ISBN 1402728298, 13-ISBN 9781402728297; OCLC 67375076 [6]

## Weblinks

* Webseite, International Foundation for Art Research (Englisch) [7] - New York
* Webseite, Art Loss Register (Englisch) [8]; (Deutsch) [9] - London

## Einzelnachweise


[1]  IFAR: About IFAR, Art Theft Database (http://www.ifar.org/about.php)

[2]  Houpt, Simon *et al.* (2006). *Museum of the Missing: a History of Art Theft,* pp. 8-9; Art Loss Register (Deutsch) (http://www.artloss.com/content/die-geschichte-und-politik-unseres-unternehmens)

[3]  Glueck, Grace. "Art Group Is Set Up To Judge Attribution," (http://select.nytimes.com/gst/abstract.html?res=F10F16FE3D5417768FDDA10894DD405B808BF1D3&scp=13&sq=international foundatin for art research&st=cse) *New York Times.* May 8, 1970.

[4]  Yarrow, Andrew L. "A Lucrative Crime Grows Into a Costly Epidemic," (http://www.nytimes.com/1990/03/20/arts/a-lucrative-crime-grows-into-a-costly-epidemic.html?scp=10&sq=international foundatin for art research&st=cse) *New York Times.* March 20, 1990

[5]  http://books.google.com/books?id=gTlIeKVuPgIC&dq=museum+of+the+missing&source=gbs_navlinks_s

[6]  http://www.worldcat.org/title/museum-of-the-missing-a-history-of-art-theft/oclc/67375076

[7]  http://www.ifar.org/

[8]  http://www.artloss.com/content/history-and-business

[9]  http://www.artloss.com/content/die-geschichte-und-politik-unseres-unternehmens

# HoWiLit

**HoWiLit** (Abkürzung für *Holz-Wirtschaft-Literaturdatenbank*) ist eine deutschsprachige Online-Fachdatenbank, die im Angebot des Zentrums Holzwirtschaft der Universität Hamburg verfügbar ist. Die Bibliografische Datenbank enthält mehr als 80.000 Literaturhinweise (Stand 2010) zum Fachgebiet Forst- und Holzwirtschaft ab dem Jahr 1985.

*HoWiLit* ist aus dem Segment Forst/Holz der 1998 freigeschalteten Literaturdatenbank **ELFIS** (*Ernährungs-, Land- und Forstwirtschaftliches Informations-System*) des Fachinformationssystems Ernährung, Land- und Forstwirtschaft (FIS-ELF) hervorgegangen. *ELFIS* war eine ebenfalls größtenteils deutschsprachige ernährungs- und agrarwissenschaftliche Literatur-Datenbank, die vor allem selektiv erfasste deutsche Fachliteratur und Publikationen deutscher Forschungseinrichtungen umfasste. Die Datenbank wurde seit 2000 allerdings nur noch sporadisch aktualisiert.[1]

Die Datenbank war über den Internetauftritt der Bundesforschungsanstalt für Forst- und Holzwirtschaft (BFH) durchsuchbar. Nachdem die BFH mit Wirkung zum 1. Januar 2008 in das neu geschaffene Johann Heinrich von Thünen-Institut (vTI) eingegliedert wurde, war *ELFIS* einige Monate lang offline. Seit dem 1. Oktober 2009 ist das Segment Forst/Holz der ehemaligen Datenbank unter dem neuen Namen *HoWiLit*, angesiedelt im Webauftritt des Zentrums Holzwirtschaft der Universität Hamburg, wieder im World Wide Web präsent.[2] Sie wird durch das Fachinformationszentrum des Johann Heinrich von Thünen-Instituts (vTI) um etwa 3.000 Einträge pro Jahr ergänzt.[3] Die Dokumente der Datenbank enthalten bibliographische Angaben wie Autor, Titel, Veröffentlichungsorgan und -jahr, Seitenangaben sowie inhaltsbeschreibende Datenfelder. Einem Teil der Dokumente sind zusätzlich Kurzfassungen (Abstracts) beigefügt. Die Nutzung der Datenbank ist kostenlos.

## Weblinks

- Startseite von HoWiLit [4]

## Einzelnachweise

[1] Artikel zu ELFIS bei www.nutriinfo.de (http://www.nutriinfo.de/artikel.php?aid=472&PHPSESSID=ba56abf8d3); abgerufen am 2. Januar 2010

[2] Angabe auf den Rest-Webseiten der ehemaligen BFH (http://www.bfafh.de/iud/bfhelfis_sf.htm); abgerufen am 2. Januar 2010

[3] Angaben des Zentrums Holzwirtschaft der Universität Hamburg (http://www.holzwirtschaft.org/content.php?main=howilitdb& nav=index); abgerufen am 2. Januar 2010

[4] http://www.holzwirtschaft.org/content.php?main=howilitdb&nav=index

# International_Music_Score_Library_Project

Das **International Music Score Library Project** (**IMSLP**; zu deutsch: *Internationales Notenbibliothek-Projekt*), seit Juli 2008 auch **Petrucci-Bibliothek**, Ottaviano Petrucci gewidmet, ist ein Projekt zur Schaffung einer virtuellen Online-Bibliothek für gemeinfreie (public domain) Musiknoten (Free Sheet Music). Das IMSLP wurde von Edward W. Guo, einem Musikstudenten des New England Conservatory of Music, gegründet. Es arbeitet nach demselben Wiki-Prinzip, auf dem auch die Wikipedia basiert. Seitdem es am 16. Februar 2006 online gegangen ist, wurden bis Juli 2010 über 25.000 Werke (65.000 Partituren) von über 3.500 Komponisten hochgeladen. Das Projekt ist die größte Online-Sammlung freier und kostenloser Musiknoten.

Das IMSLP enthält hauptsächlich Scans alter Notenausgaben, die nicht mehr dem Copyright unterliegen, anders als das Mutopia-Projekt, welches ausschließlich neu am Computer gesetzte Noten enthält. In einzelnen Fällen kann das Copyright bzw. Urheberrecht nur in den Vereinigten Staaten oder in Kanada ausgelaufen sein, nicht jedoch in anderen Ländern. Das Projekt ist auch aus musikwissenschaftlicher Sicht von Interesse, da oft mehrere verschiedene, teils historische Ausgaben eines Werkes zur Verfügung stehen.

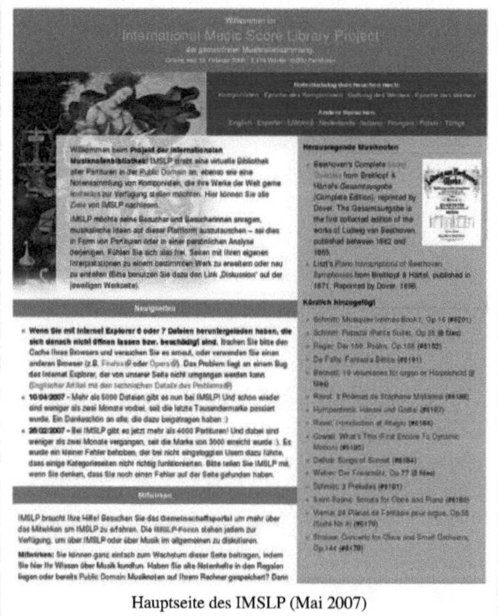

Hauptseite des IMSLP (Mai 2007)

Neben gemeinfreien Noten sind auch solche von zeitgenössischen Komponisten zugelassen, die unter einer Creative-Commons-Lizenz stehen. Musikalischer Gedankenaustausch in den Diskussionsseiten zu den einzelnen Musikstücken ist explizit erwünscht. Ein mehrsprachiges Diskussionsforum steht ebenfalls zur Verfügung.

Eines der Hauptprojekte von IMSLP ist das Sortieren und Hochladen der vollständigen Werke Bachs in der *Bach-Gesellschaft-Ausgabe* (1851–1899). Am 3. November 2008 wurde dieses Projekt für vollendet erklärt.

Im Oktober 2007 schloss der Gründer des Projekts die Website vorläufig, nachdem er eine Unterlassungsaufforderung der Universal Edition Wien erhalten hatte, die ihr Urheberrecht verletzt sah. Seit dem 30. Juni 2008 wird das Projekt fortgesetzt.

## Weblinks

- Deutschsprachige Hauptseite des IMSLP
- Radiobeitrag des DRS 2 [1]

## References

[1] http://www.drs.ch/www/de/drs/sendungen/drs2aktuell/2643.bt10041551.html

# Internet_Adult_Film_Database

Die **Internet Adult Film Database** (Akronym: **IAFD**) ist eine Internet-Datenbank, die Informationen über Pornodarsteller und -filme und deren Regisseure enthält. Sie ist öffentlich zugänglich und durchsuchbar. Nach eigenen Angaben enthält die Datenbank über 100.000 Filme und über 100.000 Darsteller.[1]

Die IAFD begann als Idee des Niederländers Peter van Aarle (1962–2005), einem Moderator der Newsgroup rec.arts.movies.erotica, der seit 1981 Daten über Pornofilme gesammelt hatte und bis zu seinem Tod 2005 weiter beitrug.[2] 1995 war eine erste Version der IAFD kurzzeitig im Internet verfügbar. 1999 erfolgte der Neustart mit eigener Domain und in Zusammenarbeit mit der Website von rec.arts.movies.erotica. Seit van Aarles Tod wird die Datenbank von einer Gruppe von Freiwilligen betreut.

## Weblinks

- Internet Adult Film Database [3]

## Einzelnachweise

[1] Stand: Februar 2012
[2] http://www.avn.com/articles/240693.html
[3] http://www.iafd.com/

# IUCLID

**IUCLID (International Uniform ChemicaL Information Database)** ist eine Software-Anwendung, die jedermann (vor allem Unternehmen der Chemieindustrie und Regierungsbehörden) zur Verfügung steht, um Daten über gewisse Eigenschaften (intrinsisch, gefahrenbezogen usw.) von chemischen Stoffen zu erfassen, speichern, pflegen und auszutauschen. IUCLID wird vom Europäischen Chemikalienbüro (ECB) innerhalb des Instituts für Gesundheit und Konsumentenschutz der Gemeinsamen Forschungsstelle (GFS) der Europäischen Kommission entwickelt und gewartet. IUCLID ist kostenlos, und Version 5 (IUCLID 5) ist seit 13. Juni 2007 verfügbar.

IUCLID 5 ist das wesentlichste Werkzeug für die chemische Industrie, um ihren Datenmeldeverpflichtungen (z. B. bei der Registrierung von Stoffen) unter REACH, einer EU-Verordnung betreffend der Produktion und der Verwendung von chemischen Stoffen nachzukommen.

## Geschichte

### IUCLID Versionen 1 bis 4

- 1993: Erste IUCLID-Version für die EC Verordnung betreffend Altstoffe (793/93/EEC[1] ).
- 1999: IUCLID wird das empfohlene IT-Werkzeug für das OECD HPV Programm[2] .
- 2000: IUCLID wird die für das EU Biozid-Gesetz vorgeschriebene Software, um aktive Wirkstoffe zu melden.

Im Laufe der Jahre haben rund 500 Organisationen weltweit IUCLID 4 installiert (Unternehmen der Chemieindustrie, zuständige Behörden der EU-Mitgliedstaaten, OECD Sekretariat, US-EPA, Japan METI, Dienstleister). Diese Anwender werden ihre IUCLID4-Daten in das neue IUCLID 5-Format migrieren können.

## IUCLID 5

2003, als deutlich wurde, dass die EU den Vorschlag für die REACH-Verordnung früher oder später verabschieden würde, beschloss die Europäischen Kommission, IUCLID4 völlig zu überarbeiten und eine grundlegend neue Version zu erstellen: IUCLID 5, welches von den von REACH betroffenen Unternehmen der Chemieindustrie verwendet werden wird, um ihren Datenmeldeverpflichtungen nachzukommen.

IUCLID wird auch in Artikel 111[3] von REACH als das für Datensammlung und Übermittlung zu verwendende Werkzeug erwähnt.

# IUCLID 5

### Datenformat und Datenaustausch

Die in IUCLID speicherbaren Daten umfassen Informationen über:

- die Organisation, in der IUCLID lokal läuft (Produktionsstätten, Kontaktpersonen, usw.)
- den chemischen Stoff, der von der Organisation verwaltet wird, genauer:
  - Zusammensetzung,
  - Referenzinformation wie CAS-Nummer, EINECS-Nummer, EG-Nummer und andere Schlüssel,
  - Klassifizierung und Kennzeichnung,
  - Physikalisch-chemische Eigenschaften,
  - toxikologische Eigenschaften,
  - ökotoxikologische Eigenschaften.

OECD und die Europäische Kommission haben gemeinsam ein Standard-Datenformat (XML) erarbeitet (OECD Harmonized Templates[4] ), in dem IUCLID die o.a. Daten ablegt, um Datenaustausch zu erleichtern. IUCLID 5 ist die erste Anwendung weltweit, die diesen globalen Datenstandard umsetzt, der von vielen nationalen und internationalen Regulierungsbehörden anerkannt wird.

Zahlreiche Stellen waren bei der Erarbeitung und der Überprüfung der OECD Harmonized Templates[5] beteiligt, darunter das Business and Industry Advisory Committee (BIAC)[6] in der OECD, der CEFIC sowie andere Behörden und Organisationen.

### Anwendungsgebiete für IUCLID 5

Jedermann kann eine lokale IUCLID 5-Installation benutzen, um relevante Daten über chemische Stoffe zu sammeln, abzuspeichern, pflegen und mit anderen auszutauschen.

#### REACH

Ein von REACH betroffenes Unternehmen kann alle relevanten IUCLID-Daten in ein REACH-Dossier exportieren und dieses anschließend an die European Chemicals Agency (ECHA) übermitteln.

#### Andere Anwendungsgebiete

Dank der Kompatibilität des IUCLID 5-Datenformats mit den OECD Harmonized Templates[7] können IUCLID 5-Daten zusätzlich zur Erstellung von REACH-Dossiers für zahlreiche andere Zwecke (wieder-)benutzt werden. Das IUCLID-Projektteam der Europäischen Kommission und internationale Behörden beraten derzeit darüber, die Anerkennung von IUCLID 5-Daten auf weitere nicht-REACH-Zuständigkeitsbereiche auszudehnen.

Gesetzgebungsbereiche und Programme, unter denen IUCLID 5-Daten bereits anerkannt werden, sind:

- OECD HPV Chemicals Programme[8]
- US HPV Challenge Programme[9]

- Japan HPV Challenge Programme[10] (vorausgesetzt, dass die OECD Anleitungen für SIDS[11] Dossiers befolgt werden)

IUCLID 5 erstreckt sich auch auf den Bereich der Biozide/Pestizide; dies bedeutet, dass Daten, die für einen Stoff unter REACH erstellt wurden, relativ einfach um Biozid/Pestizid-Aspekte ergänzt und für Datenmeldeverpflichtungen unter dem EU-Biozid-Gesetz herangezogen werden können.

## Verfügbarkeit

Das IUCLID 5 Installations-Kit wird seit 13. Juni 2007 über die IUCLID-Website kostenlos an alle Interessenten ausgegeben.

## Technologie

### IUCLID Entwicklung und Installation

IUCLID 5 ist eine Java-basierte Anwendung und benutzt das Hibernate-Framework für die Verwaltung der Persistenz. IUCLID 5 verfügt über eine Java Swing Benutzeroberfläche (GUI) und kann sowohl an einem Einzelarbeitsplatz als auch in einer Mehrnutzerumgebung installiert werden.

IUCLID 5 kann installiert werden:

- entweder in einer 100% Open Source Systemumgebung, die Tomcat als Web Container und PostgreSQL als Datenbanksystem (DBMS) verwendet,
- oder in einer kommerziellen Systemumgebung, die den Web Logic Server von BEA Systems als Application Server und/oder Oracle als Datenbanksystem (DBMS) verwendet.

### IUCLID System-Mindestvoraussetzungen

IUCLID kann auf jedem modernen PC installiert werden. Um optimale Performance sicherzustellen, sollte das RAM nicht weniger als 1 GB sein.

## Siehe auch

- Europäische Kommission
- REACH-Verordnung
- OECD

## Weblinks

- IUCLID-Website [12]
- IUCLID-5-Information des Europäischen Chemikalienbüros [13]

## Einzelnachweise

[1] 793/93/EEC (http://eur-lex.europa.eu/smartapi/cgi/sga_doc?smartapi!celexapi!prod!CELEXnumdoc&numdoc=31993R0793&model=guichett&lg=de)

[2] OECD HPV Programm (http://www.oecd.org/document/46/0,2340,en_2649_34379_2501870_1_1_1_1,00.html)

[3] REACH: Artikel 111 (http://eur-lex.europa.eu/JOHtml.do?uri=OJ:L:2006:396:SOM:DE:HTML)

[4] OECD Harmonized Templates (http://www.oecd.org/document/13/0,2340,en_2649_34379_36206733_1_1_1_1,00.html)

[5] OECD Harmonized Templates (http://www.oecd.org/document/13/0,2340,en_2649_34379_36206733_1_1_1_1,00.html)

[6] Business and Industry Advisory Committee (http://www.biac.org/)

[7] OECD Harmonized Templates (http://www.oecd.org/document/13/0,2340,en_2649_34379_36206733_1_1_1_1,00.html)

[8] OECD HPV Chemicals Programme (http://www.oecd.org/document/21/0,2340,en_2649_34379_1939669_1_1_1_1,00.html)

[9] US HPV Challenge Programme (http://www.epa.gov/chemrtk/)

[10] Japan HPV Challenge Programme (http://www.meti.go.jp/english/information/downloadfiles/JP_HPVprogram.pdf)

[11]  SIDS (http://www.oecd.org/document/55/0,2340,en_2649_34379_31743223_1_1_1_1,00.html)

[12]  http://iuclid.eu/

[13]  http://esis.jrc.ec.europa.eu/index.php?PGM=dat

# ArchiSafe

**ArchiSafe** ist ein Projekt, das im Rahmen der E-Government Initiative BundOnline 2005 durchgeführt wurde. Ziel von ArchiSafe ist die konzeptionelle Ausarbeitung zur rechts- und revisionssicheren Archivierung elektronisch signierter Dokumente gemäß Signaturgesetz (SigG) und Signaturverordnung (SigV). Die Projektdauer betrug 4 Jahre (12/2004 - 11/2008).

## Projektpartner

Das Projekt wurde von der Physikalisch-Technischen Bundesanstalt (PTB) in Zusammenarbeit mit dem Bundesarchiv, dem Bundesamt für Sicherheit in der Informationstechnik (BSI) und der Koordinierungs- und Beratungsstelle der Bundesregierung für Informationstechnik in der Bundesverwaltung (KBSt) durchgeführt. In Form eines Nutzerbeirates sind Vertreter von mehr als 20 verschiedenen Bundes- und Landesbehörden beteiligt gewesen. ArchiSafe ist als ein EfA (Einer-für-Alle) Dienst konzipiert und steht allen Behörden der Länder, Kommunen und des Bundes zur Verfügung.

## Konzepte

Konzeptionell knüpft ArchiSafe an den Ergebnissen des vom Bundesministerium für Wirtschaft und Arbeit geförderten Projektes ArchiSig an.

Im Rahmen von ArchiSafe wurden mehrere Konzepte und Spezifikationen erarbeitet und veröffentlicht. Diese betrachten:

- rechtliche Rahmenbedingungen für die Verwaltung, die bei der Langzeitarchivierung elektronisch signierter Dokumente zu beachten sind
- allgemeingültige Anforderungen und konzeptionelle Ansätze an/für die elektronische Langzeitarchivierung
- Grobkonzept, zur Entwicklung einer Middleware, die Schnittstellen zu Fachverfahren, Archivierungssystemen und Zertifizierungsdiensteanbietern zur Verfügung stellt
- Funktionale Anforderungen an eine dauerhafte und rechtssichere elektronische Ablage
- Metadaten, die für eine Ablage von elektronischem Schriftgut erforderlich sind
- geeigneten Langzeitdokumentenformate
- Signaturen und Signaturverifikationsdaten
- Import- und Export-Schnitsttellen
- Schutzprofil (PP-0049 [1]) nach den Common criteria welches vom BSI evaluiert und zertifiziert wurde

## Realisierung

Im Sinne eines Proof of Concept wurde in der PTB ein Prototyp entwickelt, der die im Rahmen eines vorhandenen Fachverfahrens erstellten Dokumente (z.B. innerstaatliche Bauartzulassungen) rechtssicher archiviert.

## Weblinks

- ArchiSafe-Projektseite [2]
- EfA-Dienst ArchiSafe [3]
- Beim BSI registrierte Schutzprofile [4]

## References

[1]  https://www.bsi.bund.de/cln_136/ContentBSI/Themen/ZertifizierungundAkkreditierung/ZertifierungnachCCundITSEC/
     SchutzprofileProtectionProfile/schutzprofile.html#PP0049

[2]  http://www.archisafe.de

[3]  http://www.cio.bund.de/DE/IT-Angebot/EfA-Dienste/ArchiSafe/archisafe_node.html

[4]  https://www.bsi.bund.de/cln_134/DE/Themen/ZertifizierungundAkkreditierung/ZertifizierungnachCCundITSEC/
     SchutzprofileProtectionProfiles/schutzprofileprotectionprofiles_node.html

# Article Sources and Contributors

**archINFORM** *Source*: http://de.wikipedia.org/w/index.php?title=ArchINFORM *Contributors*: 20percent, Arch2all, Artmax, Chaddy, Gonya, Hans Blum, Kku, Koethnig, Manecke, Marcus Cyron, Mediocrity, Parmon, Perrak, Physikochemiker, Revolus, Sa-se, Sparti, Srbauer, TomAlt, Walter Anton, 15 anonymous edits

**Architekt** *Source*: http://de.wikipedia.org/w/index.php?title=Architekt *Contributors*: 24-online, 4tilden, A.Savin, ABrocke, Abendstrom, Acky69, Adrian Lange, Ahandrich, Aka, Alnilam, Aloiswuest, Andre Engels, Anuka76, Arch2all, Archidux, Avjoska, Backlit, Balû, Bammsi, Bartian, Baumfreund-FFM, Bernard Ladenthin, Bernd Schwabe in Hannover, Binningench1, Ch.baumi, Che Netzer, Chrisfrenzel, ChristianBier, Christoph Wagener, Christophe Watier, ChristosV, Codeispoetry, Complex, Cwagener, D, Das Volk, Dearch, DerHexer, Diba, Die ameise, Diftong, Diyias, Djj, Docmo, DolphinBGG, Don Magnifico, DraGoth, Dullnraamer, Elian, Ellenmz, Engie, Entlinkt, Ercas, Erdenekhorloo, ErikDunsing, Euphoriceyes, Fanergy, Fernrohr, Fix 1998, Florian Adler, Flow2, Foundert, Geof, Gh, Giftmischer, Gnu1742, Graphikus, Gudrun Helga, Gugerell, Guillermo, Gulp, Gurt, H.Albatros, Hafenbar, Halbarath, Hannes Röst, Hans J. Castorp, Happolati, Hardenacke, Hirt des Seyns, Hofres, Holger Rasch, Horst Gräbner, Howwi, Hozro, Hubertl, Hæggis, Ilja Lorek, Inkowik, Irmgard, Iste Praetor, Itti, Ivo meier, JAF, Jbergner, Jcr, Jivee Blau, Jodeffes, Keichwa, Krawi, Krusch, LA2, LGMuenchen, LZ6387, Lasst uns chillen, Liesbeth, Limasign, MFM, Mac, Marion sauter, Martin Bahmann, Matzematik, Michael w, Michaelsy, Milford, Minks, Mps, Mw, Naitsabone, Niels Kaiserswerth, Nightflyer, Nirakka, Nixlosheut, Nub, Nullbarriere, Nwabueze, O.Koslowski, Obersachse, OdI, Olei, Omi´s Törtchen, Oreg, Ot, Otto, Ottomanisch, P. Birken, Parrho, Pelz, Pendulin, Persil, Peter200, Philipp Wetzlar, Pittimann, R. Karimi, RJensch, Ralf Roletschek, Randolph33, Regi51, Remi, Rohfield, Roland Kaufmann, RolandD, Rolf H., Rosentod, STBR, Sansculotte, Schadbär, Schmafu, Scoid, Seewolf, Septembermorgen, Shamrock7, Shoshone, Siehe-auch-Löscher, Sinn, SkipHH, Spuk968, Star Flyer, Stefan64, StephanHoppe, Storchi, Sypholux, Taxiarchos228, TheWolf, Tilla, Tim.landscheidt, Tom Jac, TomAlt, Tragant, Trixium, Trustable, Tsor, Tönjes, Ulrich.fuchs, Ulricus, Verita, Volunteer, W!B:, WAH, WOBE3333, Waugsberg, Wiki-vr, Wing, Xocolatl, YourEyesOnly, Zenit, Zinnmann, 387 anonymous edits

**Folklore_Europaea** *Source*: http://de.wikipedia.org/w/index.php?title=Folklore_Europaea *Contributors*: Aloiswuest, Funke, Jón, Kungfuman, Nicolas G., Pittimann, Zenit, 9 anonymous edits

**Gedenkbuch_–_Opfer_der_Verfolgung_der_Juden_unter_der_nationalsozialistischen_Gewaltherrschaft_1933–1945** *Source*: http://de.wikipedia.org/w/index.php?title=Gedenkbuch_%E2%80%93_Opfer_der_Verfolgung_der_Juden_unter_der_nationalsozialistischen_Gewaltherrschaft_1933%E2%80%931945 *Contributors*: Cholo Aleman, Goliath613, Hydro, Invisigoth67, Pico31, Schreiben, Timk70

**Genealogie-Datenbank** *Source*: http://de.wikipedia.org/w/index.php?title=Genealogie-Datenbank *Contributors*: 9mag, Abubiju, Aka, Aktionsheld, Beuss, Diesterne, Eilpost, Eynre, JesperZedlitz, Kdkeller, Lars Beck, Laura, Lklundin, Mielemau, Sparti, Svencb, Talaris, Wilske, YMS, 4 anonymous edits

**Germans_to_America** *Source*: http://de.wikipedia.org/w/index.php?title=Germans_to_America *Contributors*: Andim, Barthwo, Hlamerz, Hmb volo1, Muck31, Simplicius, Zulu55

**Georoc** *Source*: http://de.wikipedia.org/w/index.php?title=Georoc *Contributors*: Gaussianer, Mokkabohne05, Spuk968, Unkrautzupfer, Wo st 01

**GetInfo** *Source*: http://de.wikipedia.org/w/index.php?title=GetInfo *Contributors*: Aka, Allesmüller, Cherubino, Complex, Fresen-FCH, Giftmischer, HaSee, Jesi, Klugschnacker, Kolja21, Manecke, Nowakman, Polarlys, Rainer pernsteiner, Siebzehnwolkenfrei, Stargaming, Tröte, Usquam, 9 anonymous edits

**GEMFA** *Source*: http://de.wikipedia.org/w/index.php?title=GEMFA *Contributors*: Bastie, Finte, Micwil, Nepomucki, Siechfred, 3 anonymous edits

**Gmelins_Handbuch_der_anorganischen_Chemie** *Source*: http://de.wikipedia.org/w/index.php?title=Gmelins_Handbuch_der_anorganischen_Chemie *Contributors*: 9mag, Ayacop, Chemiewikibm, ChristophDemmer, Elrond, Ephraim33, Hennix, Karl der Nichtkahle, MAY, Orci, Umweltschützen, 7 anonymous edits

**Heimverzeichnis** *Source*: http://de.wikipedia.org/w/index.php?title=Heimverzeichnis *Contributors*: 100 Pro, Freedom Wizard, Glast, Hydro, Matpix, MichaelFrey, Scooter, W!B:, W. Edlmeier, 1 anonymous edits

**Google_Bücher** *Source*: http://de.wikipedia.org/w/index.php?title=Google_B%C3%BCcher *Contributors*: 08-15, Abubiju, Aka, Aktionsheld, Alkab, AndreasPraefcke, Aruck, Ath, Bachsau, Benowar, Berg2, Bfx0, Buchraeumer, Carl August, Cepheiden, Cherubino, Cholo Aleman, ChristophDemmer, Colman, CommonsDelinker, DieBuche, Doc z, Eisbaer44, Elya, Ephraim33, Fg68at, Fit, Frank C. Müller, FrobenChristoph, Guzmanie, Happolati, Harmonica, Hebbet, Historiograf, Hubertl, ILA-boy, Ibn Battuta, Ikiwaner, In dubio pro dubio, Itu, JFKCom, Jens Liebenau, Jergen, Jobu0101, Katach, Kdkeller, Koerpertraining, Kolja21, Kolossos, Kurt Jansson, LKD, Lonardet, Löschfix, Magnummandel, Marilyn.hanson, Marrrci, Marzahn, Mathias Schindler, Media lib, Meffo, Michail, Mistmano, Mitja, Munibert, Neil Hilist, Neun-x, Nol Aders, Ordovicium, Oscilloscopa, Parmon, Peter439, PH64, Rbuchholz, Ricolor, Rr2000, Sa-se 2, Saehrimnir, SchirmerPower, Sei Shonagon, Shugal, Shurgle, Siebzehnwolkenfrei, Sigune, Speck-Made, Sputtinger, StefanC, Sterntreter, Stf, Succu, Sven-steffen arndt, Thewizzy, ThoR, Thumbshirn, Tilla, Tomukas, Vren, Wiegels, Wiggum, WiseWoman, Zahnradzacken, Zinnmann, ¡0-8-15!, 76 anonymous edits

**Hessische_Bibliographie** *Source*: http://de.wikipedia.org/w/index.php?title=Hessische_Bibliographie *Contributors*: Beek100, Emha, Hydro, Linksverdreher, Mayem, Stefan64, Tusmann, Umherirrender, 1 anonymous edits

**Houben-Weyl** *Source*: http://de.wikipedia.org/w/index.php?title=Houben-Weyl *Contributors*: Chemiewikibm, Elrond, Feba, Joergens.mi, Meister-Lampe, Orci, RonMeier, Saehrimnir, 3 anonymous edits

**Hö rDat** *Source*: http://de.wikipedia.org/w/index.php?title=H%C3%B6rDat *Contributors*: Darms, Giftmischer, Hydro, Itti, Kolja21, Lowenthusio, Rudolf453, Walter Koch

**International_Foundation_for_Art_Research** *Source*: http://de.wikipedia.org/w/index.php?title=International_Foundation_for_Art_Research *Contributors*: H-stt, JBirken, Tenmei, W. Edlmeier, Wüstenmaus

**HoWiLit** *Source*: http://de.wikipedia.org/w/index.php?title=HoWiLit *Contributors*: J.-H. Janßen, Kugol

**International_Music_Score_Library_Project** *Source*: http://de.wikipedia.org/w/index.php?title=International_Music_Score_Library_Project *Contributors*: Ahandrich, Alfredovic, ChristophDemmer, Density, Docbritzel, Fasch, H-stt, Ingo Frank, Johannes Götte, Kammervirtuos, Kanti, Kdkeller, Leider, Leonard Vertighel, Medi-Ritter, Megatherium, Michael Bednarek, Niehaus, Rainer Lewalter, Sitz im Leben, Tambora, Wesener, XanonymusX, Zentuk, 7 anonymous edits

**Internet_Adult_Film_Database** *Source*: http://de.wikipedia.org/w/index.php?title=Internet_Adult_Film_Database *Contributors*: Carlo Cravallo, Catfisheye, Dreaven3, E-Kartoffel, Hans Koberger, Jonathan Groß, Juliana, Othertree, PDD, Parvus7, Rosenzweig, Tmid, Zaphiro, 1 anonymous edits

**IUCLID** *Source*: http://de.wikipedia.org/w/index.php?title=IUCLID *Contributors*: Avron, Chemiewikibm, Cvf-ps, D.W., GFJ, Hydro, Iuclid, Leyo, Mabschaaf, Mandavi, Nummer 1, Rjh, RobertLechner, Shairon, 16 anonymous edits

**ArchiSafe** *Source*: http://de.wikipedia.org/w/index.php?title=ArchiSafe *Contributors*: Clever & Smart, Echtner, MarioS, Minderbinder, Pflastertreter, Syrcro, 16 anonymous edits

# Image Sources, Licenses and Contributors

Printed by Books on Demand GmbH, Norderstedt / Germany